"重庆工商大学管理科学与工程重点学科建设"丛书

碳达峰与碳中和目标下典型工业城市低碳发展研究

代春艳 ◎著

中国财经出版传媒集团

经济科学出版社
Economic Science Press

·北京·

图书在版编目（CIP）数据

碳达峰与碳中和目标下典型工业城市低碳发展研究/代春艳著 . -- 北京：经济科学出版社，2024.1

（"重庆工商大学管理科学与工程重点学科建设"丛书）

ISBN 978 - 7 - 5218 - 5571 - 5

Ⅰ.①碳…　Ⅱ.①代…　Ⅲ.①工业城市 – 低碳经济 – 经济发展 – 研究 – 重庆　Ⅳ.①F299.277.19

中国国家版本馆 CIP 数据核字（2024）第 034776 号

责任编辑：李　雪　袁　澂
责任校对：孙　晨
责任印制：邱　天

碳达峰与碳中和目标下典型工业城市低碳发展研究

代春艳　著

经济科学出版社出版、发行　新华书店经销

社址：北京市海淀区阜成路甲 28 号　邮编：100142

总编部电话：010 - 88191217　发行部电话：010 - 88191522

网址：www. esp. com. cn

电子邮箱：esp@ esp. com. cn

天猫网店：经济科学出版社旗舰店

网址：http://jjkxcbs. tmall. com

固安华明印业有限公司印装

710 × 1000　16 开　14.5 印张　167000 字

2024 年 1 月第 1 版　2024 年 1 月第 1 次印刷

ISBN 978 - 7 - 5218 - 5571 - 5　定价：72.00 元

（图书出现印装问题，本社负责调换。电话：010 - 88191545）

（版权所有　侵权必究　打击盗版　举报热线：010 - 88191661

QQ：2242791300　营销中心电话：010 - 88191537

电子邮箱：dbts@ esp. com. cn）

丛书编委会

总　主　编： 黄钟仪

编委会成员：（按姓氏笔画排序）

文　悦　白　云　代春艳　邢文婷

杨家权　李红霞　张德海　詹　川

序　言

　　21 世纪的管理科学与工程学科在推动创新、优化管理、提高效率、降低风险、推动可持续发展等多方面起着重要的预测、决策、指导与干预作用。重庆工商大学管理科学与工程学科于 2011 年获评一级学科硕士学位授权点，是重庆市高等学校"十二五""十三五""十四五"重点学科，主要关注现代产业发展与创新的有关问题，聚焦数字经济与智能商务管理、现代物流与供应链管理、信息管理与大数据分析、战略与创新创业管理、投资与项目管理等特色方向。首批丛书包含我们最新的部分研究成果。

　　现代物流与供应链管理方向，本系列丛书探讨了不同领域的供应链协同与竞合机制。《乡村振兴战略下现代农业服务供应链协同机制研究》聚焦我国乡村振兴战略中的现代农业服务供应链，《基于竞合博弈的供应链入侵策略研究》从竞合博弈视角分析制造商和零售商的角色与关系。现代农业服务供应链和供应链竞合策略为企业在乡村振兴和供应链管理方面提供了重要指导。

　　战略方向的三本书探讨了我国天然气发展、双碳发展以及技术创新发展中的有关问题。《我国天然气进口风险防范机制设计与政策创新研究》全面系统地研究了天然气战略中的进口风险评价与防范机制，提出了创新性的评价指标体系和风险扩散动力学演化模型，为我国天然气进口风险防范提供了理论指导和实践参考。《碳达峰与碳中和目标下典型工业城市低碳发展研究》基于工业城市碳排放发展问题，以重庆为例，探索了实现可持续碳达峰、碳中和目标的低碳发展模式、路径与关键举措，总结提炼了科技支撑典型工业城市的低碳发展模式和政策建议。《商业模式对高新技术服务企业创新绩效的影响研究》以我国高新技术服务企业为对象，探讨了技术创新和技术体制对创新绩效的影响，为技术创新、技术体制、商业模式与创新绩效等理论提供了深入分析和实践支持。

本系列丛书是本学科的部分成果，后续将推出涵盖数字经济与智能商务管理、信息管理与大数据分析等研究方向最新研究成果。希望这些研究能为相关领域的学者、政策制定者和实务工作者提供有价值的理论参考和实践启示。

感谢学校同意本学科对本丛书的出版支持计划，感谢出版策划、作者、编者的共同努力，希望本学科的研究后续能够继续得到相关出版支持。小荷已露尖尖角，愿有蜻蜓立上头。希望本系列丛书能够得到学术界和实践界的关注和指导。

丛书策划编委会

2024 年 1 月

我国力争 2030 年前实现碳达峰，2060 年前实现碳中和，是党中央经过深思熟虑作出的重大战略决策，事关中华民族永续发展和构建人类命运共同体。

城市是应对气候变化的重要领域之一。中国正处于快速城镇化阶段，处于不同社会经济发展阶段、不同资源禀赋的城市，其碳排放水平、特征和发展趋势也具有很大差异。影响城市碳排放的因素众多，如城市化水平、经济发展、能源结构、产业结构等。工业化是影响城市碳排放的重要因素之一。工业行业尤其是重工业行业是中国碳排放最主要的领域。工业的能源消费和碳排放占到全国能源消费总量的 60% 和碳排放量的 80%（孙猛，2014）。城市中工业占比较高，尤其是煤炭开采和洗选业、石油加工、炼焦及核燃料加工业、化学原料及化学制品制造业、非金属矿物制品业、黑色金属冶炼及压延加工业等高耗能行业占比较高的，碳排放总量较高。"十四五"是实现经济高质量发展和生态环境质量持续改善的攻坚期，也是实现碳排放达峰的关键期。对于我国部分老工业城市，尤其是主导产业以煤炭、钢铁、电力、建材等能源原材料为主的工业城市，为实现碳达峰、碳中和目标，就需要付出比其他城市更多的努力。重庆地处长江上游和三峡库区腹心地带，是一个典型的传统型工业城市，其产业结构偏重，火电、钢铁、水泥等高耗能产业碳排放占工业排放总量的80%以上，高技术产业增加值占规上工业增加值比重较低；能源结构偏煤，2020年能源消费总量约8900万吨标准煤，其中75.86%为化石能源，煤炭消费量占化石能源消费量的58.38%，全市水、风、光等可供开发利用的可再生能源非常有限；用能需求旺盛，尚处于工业化阶段，新增项目用能需求旺盛。"双碳"目标将会对中国的经济结构和能源系统构成全面且深远的影响，甚至是前所未有的颠覆性冲击。在"双碳"目标下，重庆与全国大部分工业城市一样，面临着非常大的挑战，需要经受经济和能源结构调整的巨大压力，同时，也是推进绿色低碳转型发展和持续创新能源科技新优势的新机遇。在中国科技信息技术研究所的资助下，重庆工商大学代春艳教授团队展开了"碳达峰与碳中和目标下典型工业城市低碳发展研究"，该研究以重庆为例，围绕碳达峰、碳中和目标，分析典型工业城市的特点，碳达峰与碳中和目标对城市发展的影响，未来碳达峰碳中和情景、实现路径与关键举措等，总结提炼科技支撑典型工业城市的低碳发展模式，形成一系列可复制、可推广的典型经验，有利于加快工业城市绿色低碳转型与可持续发展。

本书是此次研究的重要成果呈现，可为政府部门决策提供参考。其中第一章介绍了典型城市的概念、特点，分析了重庆这座工业城市的特征及重庆在工业城市中的角色地位。第二章分析了碳达峰与碳中和目标对工业城市发展的影响，指出碳达峰、碳中和目标对于工业城市是挑战和机遇并存，既经受着经济和能源结构调整的巨大压力，又面临着推进绿色低碳转型发展和持续创新能源科技新优势的时代机遇。第三章介绍了重庆市碳排放现状，对重庆碳达峰碳中和的基础情况有了全面认知。第四章分析了重庆长时间尺度下的经济社会发展态势，阐述并模拟了在双碳背景下重庆的低碳发展目标情景，分析了碳达峰碳中和两个阶段的主要影响因素和潜力，对能源及汽车、化工、电子、冶金、建材、钢铁、新基建等重点产业低碳转型的模式与路径进行了详细阐述。第五章从能源绿色低碳转型政策与行动、社会经济绿色转型发展政策与行动、绿色低碳科技创新政策与行动三个方面，阐述了工业城市实现碳达峰与碳中和目标的政策建议和典型工业城市低碳发展的保障措施。

本书在撰写过程中得到了很多专家的帮助和指点。非常感谢中国科技信息技术研究所的研究员孟浩、国家发展改革委能源研究所研究员姜克隽、西南大学教授杨德伟、重庆咨询集团有限公司高级工程师卢璐、人木咨询（北京）有限公司总经理刘嘉的帮助！本书同时借鉴了相关领域学者的研究成果，在此对本书所引用资料的作者表示真诚的感谢。由于编者水平有限，本书出现的不当之处，敬请读者批评指正！

代春艳

2024 年 1 月

目 录

CONTENTS

1

典型工业城市特点分析

第一节 工业城市的概念和特点

工业城市是随着工业的发展而产生的以工业生产为主要职能的城市。在工业化社会，工业是推动大多数城市发展的经济基础和主要动力。一般来说，工业城市可分为综合性工业城市和专业性工业城市两类。工业城市形成的初期，往往具有专业性的特点。随着城市规模的扩大和工业生产分工协作的发展，城市工业的部门结构往往经历从简单到复杂的发展过程，专业性工业城市会逐步演变为综合性工业城市。

目前，学术界对工业的研究多集中在"工业基地"这一术语上，"工业城市"的研究较少，概念未得到准确界定（关皓明和张平宇，2018）。中国的工业历史发展与欧美等国家不同，最早出现在洋务运动和民族工业发展时期。我国的工业发展已有近150年的历史，新中国成立后形成了完整的工业体系。在我国工业化进程中，形成了许多工业基地或工业城市（孟祥凤和王冬艳，2018）。不同学者对工业城市的定义不同。王成金认为，"老工业城市是指我国在改革开放之前各历史阶段内所形成的、拥有一定工业资产存量、形成一定工业经济总量、对国家经济发展做出突出贡献、对我国工业化进程有重大影响的工业城市"（王成金和王伟，2013）。此外，国内有学者认为，工业城市是指在计划经济影响下，国家重点投资建设的高重工业比重、工业规模较大、推动区域或国家经济发展和工业化进程的大中型工业地域（王颖，2005）。其内涵包括四个方面：一是传统工业产业比重和集中度较高；二是工业城市的发展推动了区域及国家的工业化进程，在经济发展中占据重要地位；三是工业城市的城市规模形成较早，工业化进程长期且发展迅速；四是工业城市结构层次分明，既有区域性或地方性的工业城市，也有全国性的工业城市（董丽晶和张平宇，2008）。

工业城市一般具有以下特点：

（1）工业部门在城市经济结构中占有重要地位。在典型工业城市中，工业是国民经济的火车头。工业部门的 GDP 在城市经济结构中占有重要地位（见图 1 - 1）。例如天津工业增加值占 GDP 的 31.2%，重庆的工业增加值占 GDP 的 28.2%。工业城市形成初期，工业城市产业部门比较单一，资源型部门是城市的主导部门，资源型产业是主导产业，且在工业结构中占有较大份额。但随着城市规模的扩大和工业生产分工协作的发展，其他产业部门后来居上，但工业部门仍起到重要作用。

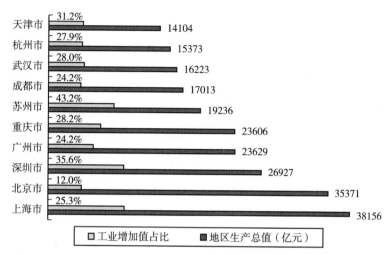

图 1 - 1　2019 年中国主要工业城市 GDP 和工业增加值占比分布

资料来源：2020 年中国统计年鉴。

（2）工业从业人员占城市人口的比重高。在工业城市中，工业从业人员在城市的人口结构和劳动结构上占有较大的比例。工业从业人员普遍劳动技能单一、文化程度低，很难适应市场的需要进行再就业。

（3）工业用电、用水、用地占的比重大。工业用电远比居民用电比重更大。在工业城市中，产业用电整体占比超过 8 成，而工业用电又占产业用电的 8 成左右①。从全国范围来看，工业用电占比约 2/3 左右②。在一些工业大市，尤其是北方的重工业城市，工业用电占比甚至高达 90% 以上。中国十大工业城市，用电

---

①②　资料来源：凯风．数据来源：谁是发电量、用电量最大的省市？上海苏州滨州用电量最高 ［EB/OL］．https：//www．thepaper．cn/newsDetail_forward_14681764．

量都位居榜单前列，上海、深圳、苏州作为三大工业重镇，用电量全部跻身前 10。滨州、鄂尔多斯的 GDP 总量虽然并不突出，但重工业相对发达，一些能源产业，如电解铝企业，用电需求并喷，带动用电量的扩张。城市工业用水量在城市总用水量中也占有较大比例。

（4）工业城市普遍资源依赖度强。随着科技的发展，人类开发利用的自然资源的种类不断增多，利用深度扩展，而人类对后天性资源的利用程度提高，故工业城市对资源的依赖程度降低。

（5）环境污染物和温室气体排放多。工业化发展阶段，我国"两高"工业比重大。工业行业尤其是重工业行业是中国碳排放最主要的领域。工业的能源消费和碳排放占到全国能源消费总量的 60% 和碳排放量的 80%（孙猛，2014）。

第二节　重庆在我国工业城市中的典型性

重庆位于中国内陆西南部，长江上游地区，是中国西部直辖市、国家中心城市，国家重要的现代制造业基地。其近现代成长史与工业发展的历史有着密不可分的联系，是我国六大老工业基地之一、西南地区近代工业发祥地，在我国工业城市中具有较好的典型性。

一、产业发展的历史沿革铸就了重庆老工业基地称号

重庆作为我国中西部地区唯一的直辖市，战略地位十分重要，因为其特点是集大城市、大农村、大库区、大山区和多民族地区于一体的城市（闫联飞，2014）。重庆的工业建设经历了洋务运动、民族工业建设、三线建设和改革开放等重要的历史演变时期。

1891 年 3 月 1 日，重庆对外开埠并设关，各国开始在重庆创办实业。1937 年，日本侵华战争全面爆发，沿海地区工业受到严重破坏，大量沿海企业开始顺江迁入，重庆近代工业实现跨越式发展，由战前的以轻工业为主的城市发展成为中国战时唯一的综合性工业基地，形成了以兵工、机械、钢铁、煤炭、纺织、化工、电器为主体的工业体系。

1949 年初，虽然重庆的经济较之战时有了很大的衰退，但在西南地区仍占据龙头地位。1950 年，西南五省川、黔、滇、康、藏共 7000 万人口，重庆仅 110 万人口，但创造出的生产总值占西南地区的 1/3，占四川省的 70%[①]。"一五""二五"期间，重庆市工业结构持续由轻工业向重工业转化。

三线建设（1965～1978 年）期间，国家向重庆地区投资达 50.5 亿元，为三线建设前 14 年国家对重庆累计投资的 2.22 倍[②]。

---

① 资料来源：重庆马路社. 过去 70 年，重庆发生了什么？[EB/OL]. https：//www. sohu. com/a/340453342_353364.

② 资料来源：陈宏逸. 我所知道的三线建设和三线调整 [J]. 红岩春秋，2021（6）：4.

"三线建设"扩大了重庆工业规模，使重庆形成了冶金、机械、化工、纺织、食品五大支柱产业和门类齐全的现代工业体系，见表 1-1。这一时期，随着川黔、襄渝铁路的修建，嘉陵江大桥等一批桥梁的建设，一批港口、码头、机场的新建或改扩建，重庆的交通状况得到很大改善，重庆开始成为长江上游地区的水陆交通枢纽。

表 1-1　　　　　　　　重庆地区三线建设企业布局情况　　　　　　单位：个

行业类别	新建	迁建	改扩建
机械工业	8	46	17
冶金工业	5	3	9
化学工业	9	11	10
电子工业	2	1	0
能源工业	0	4	7
兵器工业	21	12	11
船舶工业	16	0	0
核工业	1	0	0

改革开放开始后，重庆市工业布局加快了调整步伐。1983年，国务院批准了重庆作为全国第一个综合体制改革试点城市（计划单列市），1991 年和 1993 年，重庆高新技术开发区和重庆经济技术开发区两大国家级开发区分别成立，两个开发区的建立在重庆市工业发展的历程中具有里程碑意义。自此，重庆开始了工业化和城镇化协同推进的进程。

二、重庆已成为国家重要的现代制造业基地

重庆自 1997 年直辖以来，一直保持着高于全国平均增速的增长水平，并奠定了长江上游地区重要的现代制造业基地和金融中心的地位。

1. 重庆经济发展势头迅猛

（1）产业规模日趋壮大，经济总量保持增长。2020 年，重庆市 GDP 增长率为 3.9% [1]。受新冠疫情影响，GDP 增速有所减缓，但是仍然高出全国 GDP 平均增速 1.6 个百分点，处于全国领先水平。2020 年，重庆地区生产总值为 25003 亿元，在全国排第 17 位，在西部地区位列第三，GDP 总量仅次于四川省（48599 亿元）和陕西省（26182 亿元）；人均地区生产总值 80027 元，超过全国平均（72371 元）7656 元，在全国排第八位，并且在西部地区位列第一 [2]。

（2）产业结构优化调整，生产性服务业发展迅速。重庆市近十年经济规模迅速扩大，整体产业结构第二产业和第三产业占据大头，并且近年来正在向以生产性服务业为主加生活服务业融合的第三产业过渡。第二产业（建筑业和工业）GDP 占比近几年呈现下降趋势，农业和第三产业出现此消彼长的变化，第三产业

---

① 资料来源：2020 年重庆地区生产总值增长 3.9% ［EB/OL］. (2021 - 01 - 21). http：//cq. people. com. cn/n2/2021/0121/c365401 - 34540364. html.

② 资料来源：31 省份 2020 年 GDP 出炉！23 城超万亿！［EB/OL］. (2021 - 01 - 31). https：//baijiahao. baidu. com/s?id = 1690332237760152896&wfr = spider&for = pc.

呈现出逐年递变的强烈规律（见图1-2）。重庆三次产业比重变化的这种趋势，与东部发达省区相似，说明重庆新型工业化的步伐是基本健康的。重庆通过对传统产业技术改造、促进能源结构改善和推进产业结构优化升级来控制和减少城市碳排放强度。

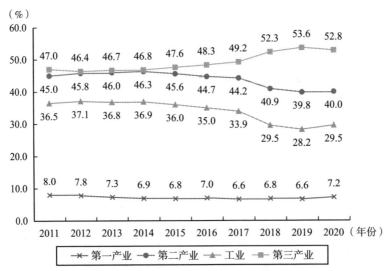

图1-2 重庆市三次产业结构及工业结构变化趋势（2011~2020年）

资料来源：2012~2021年历年《重庆市统计年鉴》。

2. 重庆产业整体发展特征

（1）第二产业中汽车产业和电子信息产业领跑，农副产品加工业快速发展，能源行业逐渐扩张。重庆市2017~2019年工业分行业总产值排序当中计算机、通信和其他电子设备制造业与汽车制造业位列前茅，作为重庆市的支柱行业，引领着重庆市产业发展，在重庆市第二产业格局中具有中流砥柱的作用。农副产品加工业作为传统工业的代表，其工业总产值在2017~2019年均位列第六①，利用地域优势，近几年发展迅速，是重庆市第二产业重要组成部分。电力装机和清洁能源装机在"十三五"期间都有相关布局，能源行业也在逐渐扩张。

第一，汽车产业领跑。汽车产业是重庆的支柱产业。自1993年成立重庆长安铃木汽车有限公司，标志着重庆轿车产业的起步。随后，长安福特、长安奔奔、力帆、东风小康、北汽银翔、华晨鑫源、上汽通用五菱、潍柴（重庆）汽车、北京现代重庆工厂、重庆众泰汽车、长城汽车等一系列汽车生产企业如雨后春笋般蓬勃发展。除了整车业务外，重庆汽车零部件产业也得到了飞速发展，重庆汽车零部件本土化配套率已超过80%，拥有400多家一线汽车零配件企业、1500多家二三线配套企业②，形成了真正的汽车产业链。2015年重庆市汽车产量已经突破300万辆，成为全国第一大汽车生产基地。2016年重庆汽车产量更是达到316万辆，继续保持全国第一。但2017年开始汽车飞不动了，当年重庆汽车产量为299.82万辆，2018年汽车制造业增加值下滑17.3%，2019年只有138万辆，只有高峰时的一半。但2020年长安汽车逆市成长1.3%，带领重庆汽车快速翻盘，大幅领先全国的 -16.9%（见图1-3）③。

---

① 资料来源：2017～2019年重庆市国民经济和社会发展统计公报［EB/OL］. https：//tjj. cq. gov. cn/.
② 一线主要特点是品牌知名度高，含金量高，高端产品优秀，品牌研发能力强，新品推出快，产品线齐全；二线各方面略逊于一线汽车企业，但都有相当的实力和自己的特色；三线是在保证一定质量的前提下，将价格保持在尽可能低的制造能力的企业。
③ 资料来源：2020重庆经济和产业结构分析：重庆篇［EB/OL］.（2020-11-11）. https：//baijiahao. baidu. com/s?id=1683016684008034755&wfr=spider&for=pc.

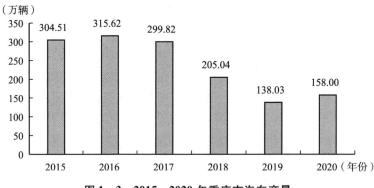

图1-3 2015~2020年重庆市汽车产量

第二，电子信息产业是工业经济增长的"第一动力"。电子信息产业是重庆的支柱产业，到2019年底全市拥有规上电子信息企业639家，主营业收入占全国第七位，是全球最大的笔记本电脑生产基地、重要的手机生产基地。2019年电子信息产业增加值占全市的比重为16.6%，增长贡献率占33.9%。重庆围绕构建"芯屏器核网"产业生态圈，通过招商引资，形成了包含计算机整机及配套、通信设备、集成电路、新型显示、汽车电子、智能家电、LED及光伏、电子材料和新型元器件等在内的产业链体系。其中计算机及配套产业占51.7%，手机及配套产业占19%，电子核心部件、家电、机电、智能仪表等其他产业占29.3%，初步构建多点开花、错位发展、齐头并进的产业结构①。

第三，农副产品加工业广泛快速发展。重庆主城区是中国工业基地之一，但其他地区是典型的"老少边穷"，是传统的农业

① 资料来源：2020重庆经济和产业结构分析：重庆篇［EB/OL］.（2020-11-11）. https：//baijiahao. baidu. com/s?id = 1683016684008034755&wfr = spider&for = pc.

地区。虽然经济比较落后，但通过农副产品的发展，带动重庆农业发展。

第四，能源行业逐渐扩张。"十三五"时期，重庆市电力装机新增494万千瓦，较"十二五"末增长23.43%；川渝第三输电通道等跨省输电项目投运，建成"两横三纵"500千伏"日"字形电网主网架，整体供电可靠率99.868%（见图1-4）[①]。在清洁能源利用方面，重庆市风电、光伏等新能源突破140万千瓦，"十三五"期间累计完成电能替代108亿千瓦时，减少二氧化碳排放862万吨[②]。

（亿立方米）

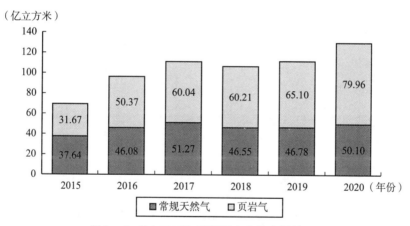

图1-4 "十三五"时期重庆市发电量情况

---

① 资料来源：重庆能源行业迈向高质量发展［EB/OL］.（2020-12-26）. http：//cq. people. com. cn/n2/2020/1226/c367668-34495999. html.

② 资料来源：回眸"十三五"│重庆能源行业迈向高质量发展汽车充电设施建设西部领先页岩气累计产量全国第一［EB/OL］.（2020-12-26）. https：//www. cqrb. cn/content/2020-12-26/content_293681. htm.

新增页岩气探明储量达 4354.96 亿立方米，累计探明储量达
8160.94 亿立方米，累计产气超过 300 亿立方米，居全国第一。
目前，全国首个百亿立方米页岩气产能基地——涪陵页岩气田日
产量达 1900 万立方米，可满足每天 3400 多万户居民用气需求。
2020 年，页岩气产量达 80 亿立方米，是 2015 年产量的 2.85 倍。
同时，重庆市 2020 年常规天然气产量达 50 亿立方米（见图 1 - 5），
新增天然气管道 23 条共 1760 多公里①，建成投运西南地区首座、
全国日采气量最大的相国寺地下储气库，并启动铜锣峡、黄草峡
储气库建设，未来不仅可满足重庆调峰需求，还可辐射西南、华
中、华东等省市。

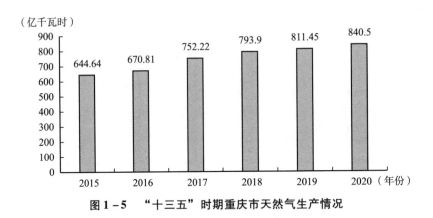

图 1 - 5 "十三五"时期重庆市天然气生产情况

（2）金融业和物流服务业持续蓬勃发展，支持工业发力，推
动经济高质量转型。

---

① 资料来源：回眸"十三五" | 重庆能源行业迈向高质量发展汽车充电设施建设西
部领先页岩气累计产量全国第一 ［EB/OL］. (2020 - 12 - 26). https：// www. cqrb. cn/con-
tent/2020 - 12/26/content_293681. htm.

第一，构建西部重要的金融中心助力工业发力。2019 年重庆市银行业金融机构共 4100 个，同比减少 303 个，资产总额为 53705 亿元，同比增长 4.68%。2019 年重庆市证券期货业上市公司增至 54 家，4 家企业通过沪深股市 IPO，企业直接融资总量约 2200 亿元。2019 年重庆市国内股票（A 股）筹资 34.8 亿元，国内债券筹资 1214.2 亿元。2019 年重庆市保险业保费收入为 916 亿元，同比增长 13.65%①。另外，重庆市绿色金融方面也在大力推进，绿色金融组织日趋完善。2014 年以来先后设立碳排放权交易中心、排污权交易中心以及林权交易中心。2019 年设立绿色信贷专营机构，培育绿色金融发展新业态。

第二，建成西部最大的物流中心赋能工业提质。重庆地处中西部地区接合部，也是长江上游地区唯一汇集水、陆、空交通资源的超大型城市，西南地区综合交通枢纽。因此，重庆市物流业长期得到支持和发展，建成了中国西部最大的物流中心。重庆市共建成了"二环十射"高速公路网和"一枢纽十干线"铁路网，港口年吞吐量 1.6 亿吨②，江北国际机场年旅客吞吐量位居全国"八大"机场之一，以长江黄金水道、渝新欧国际铁路等为支撑，构建起航空、铁路、内河港三个交通枢纽，水陆空铁多式联运的区域性综合交通枢纽初步形成，为重庆工业体系产业链、供应链、价值链的进一步提升进行了深度赋能。

---

① 资料来源：重庆市金融业发展概况（附重庆市银行业、金融业、保险业概况）[EB/OL]. https：//www. cqrb. cn/content/2020 – 12/26/content_293681. htm.

② 资料来源：2020 重庆经济和产业结构分析：重庆篇 [EB/OL]. (2020 – 11 – 11). https：//zhuanlan. zhihu. com/p/285044679?utm_id = 0.

第三节　重庆在工业城市中的地位和角色

2015 年 3 月，国家发改委、商务部、外交部联合发布了《推动共建丝绸之路经济带和 21 世纪海上丝绸之路的愿景与行动》，确立将重庆打造为内陆开放高地、西部开发开放的重要战略支撑和长江经济带的西部中心枢纽（李永荣，安小雷，2017），明确了重庆在工业城市中的角色地位。

重庆市工业门类比较完备，有良好的工业基础。重庆作为中国六大老工业基地之一，有良好的传统工业基础，制造业基础雄厚，工业行业门类齐全，在国家 41 个工业门类中，重庆占据了 39 个，产业体系较为完备。汽车、摩托车为代表的交通运输设备制造业和军工产业、机械产业、化工产业均极为发达。重庆作为老工业基地，具有得天独厚的地理资源优势，丰富的天然气贮藏使其在工业发展过程中拥有充足的能源供应，密集的水系也为便捷的航运交通奠定了建设基础。重庆作为老工业基地，颇受国家政策青睐，重庆当地政府也十分重视工业发展，在政策优惠的推动下，重庆老工业基地曾经历快速发展的辉煌时期。

重庆市工业发展呈现"三高三低"的特征。重庆老工业基地的发展瓶颈十分明显，相比于实现工业转型发展的典例——老东北工业基地，重庆老工业基地具有"三高三低"的特征：高传统工业，低新型工业；高国有经济比例，低非国有经济比例；主城区工业化发展程度高，郊区工业化发展程度低。上述"三高三低"的特征导致重庆老工业基地在面临市场需求转变和国家政策调整的过程中，陷入转型压力过大的困境。如何解决钢铁等粗放式企业外迁导致的产业空心化问题，如何解决汽摩等支柱性产业衰退导致的产业增长问题，新型工业基础较弱，复杂的国有企业改制问题以及极大的城乡发展差距都是重庆老工业基地转型过程中面临的难题。

如何依靠现有工业基础、独特地理区位、个性化的资源禀赋，在"双碳"目标下，找到并实现创新发展的路径，是重庆作为典型工业城市在转型升级中需要积极思考的问题。研究重庆未来碳达峰碳中和情景、实现路径与关键举措等，有助于总结提炼科技支撑典型工业城市的低碳发展的模式，形成一系列可复制、可推广的典型经验，加快工业城市绿色低碳转型与可持续发展。

第四节　本章小结

重庆市作为中欧经济的火车头、我国中西部唯一直辖市、长江上游地区经济中心、国家中心城市和成渝双城经济圈的核心城市，具有典型工业城市的特点。本章首先分析了典型的城市的概念、特点，从宏观上展示了典型工业城市的内涵；其次，深入分析了重庆这座工业城市的特征，从历史沿革出发，回顾重庆的过去，并展望重庆产业发展的现状和特征；最后，分析了重庆在工业城市中的角色地位。通过本章研究，展示出重庆这座工业城市的地位。未来如何在碳达峰和碳中和目标下低碳发展，抓住发展机遇，这将是接下来研究的重点。

碳达峰与碳中和目标对工业城市发展的影响

本章将梳理碳达峰碳中和目标下不同国家和地区已经采取的政策、行动及科技创新方向，重点探讨能源转型、技术进步与技术选择、重大项目部署等因素对工业城市社会、经济、能源、环境的影响，指出碳达峰与碳中和目标给工业城市带来的影响。

第一节　碳达峰与碳中和的基本概念

IPCC 第四次报告中将"达峰"描述为"在排放下降之前达到一个最高水平"。《中国与新气候经济》报告则指出：二氧化碳排放达到峰值，指其年增长率为零。一般来讲，碳排放达峰并不单指在某一年达到最大排放量，而是一个过程，即碳排放首先进入平台期并可能在一定范围内波动，然后进入平稳下降阶段。现实中，达峰是一个平台期的概念，且可能存在多个平台期，研

究达峰即需要找到排放下降之前达到最高水平的那个平台期，如
图 2 - 1 所示。

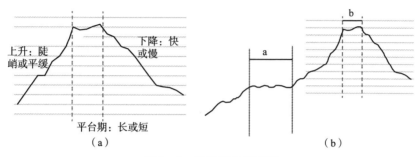

上升：陡峭或平缓   下降：快或慢

平台期：长或短

（a）   （b）

图 2 - 1 达峰平台示意图

从国内外城市发展经验看，尽管城市规模、发展阶段、产业
结构等千差万别，但城市在实现二氧化碳排放峰值过程中，也呈
现出一些共性的特征。主要表现为如下四个特征：一是中心城市
由规模扩张进入内涵提升的发展阶段；二是中心城市产业发展进
入工业化后期和后工业化发展阶段；三是城市新增能源需求主要
依靠清洁低碳能源满足；四是城市能源消费结构和消费水平出现
根本性变化。判定在碳排放的某平台期是否处于峰值期，可以用
城市化率、人均 GDP、三次产业结构等数据来做辅助判断。依据
国际经验，一个城市的碳排放城市化率在 70% 左右、人均 GDP
在 2 万美元左右时将达到峰值。

碳中和也称净零排放，即人为排放源与吸收汇达到平衡，不
增加大气中的温室气体浓度。狭义的碳中和指二氧化实现净零排
放，广义是指所有温室气体实现净零排放。碳中和目标可以设定
在全球、国家、城市、企业、活动等不同层面。根据 IPCC 评估

报告，实现《巴黎协定》下的 2℃目标，要求全球在 2070 年左右实现碳中和；而实现 1.5℃目标，则要求全球在 2050 年左右实现碳中和。

第二节　碳达峰碳中和目标下不同国家和地区的政策与行动

目前全球已有很多国家提出碳中和目标。欧盟提出了 2050 年温室气体中和目标，推动全球走向 1.5℃温控目标路径。2019 年 12 月，欧盟委员会发布《欧洲绿色新政》，提出到 2050 年欧洲要在全球范围内实现"气候中和"。2020 年 3 月，欧盟向联合国气候变化框架公约（United Nations Framework Convention on Climate Change，UNFCCC）提交了 2050 年实现气候中和的战略，同月出台了欧盟绿色法令。德国、法国、英国、意大利和瑞典等国提出 2050 年之前实现该目标。欧盟的行动对国际气候变化应对影响巨大，会从根本上改变全球应对气候变化的路线。

在中国公布 2060 年前碳中和目标后，欧盟再次提升了 2030 年减排目标。2019 年 12 月在绿色新政中欧盟委员会正式提出了《气候中立法》，并宣布将原来巴黎协定上承诺的 2030 年实现温室气体（GHG）排放量净减少 40% 的减排目标提升为到 2030 年减少 55%（相较于 1990 年的水平）。而随着我国碳中和目标的公布，欧盟再次提升了其减排目标。2020 年 10 月 6 日，欧盟公布其最新减排目标提升到 2030 年减少 60%。欧盟进程已经明显显示出欧盟要在经济转型和技术创新上处于领先位置的决心。未来的减排将更多是经济和技术的竞争。美国、日本、韩国等发达国家设立了 2050 年碳中和目标，并将 2030 年减排目标明显提升。2020 年 6 月 30 日，美国众议院气候危机特别委员会公布了一项行动计划，旨在作为帮助美国制订在 2050 年实现净零排放的路线图。该计划设定了一系列目标，包括到 2030 年将导致全球变暖的温室气体排放量减少 45%。该计划将在 2040 年之前消除电力部门的总体排放，并在 2050 年之前消除所有经济部门的温室气体排放，实现碳中和。该计划强调了美国在零碳技术方面的引领，以及强大美国制造业。2021 年 1 月，美国总统拜登就职后，即刻宣布美国 2050 年实现碳中和。2021 年 4 月 22 日，美国公布将 2030 年的减排目标设置为和 2005 年相比减排 50%。在中国公布 2060 年前碳中和目标之后，日本在 2020 年 10 月份公布了 2050 年碳中和目标，并在 2021 年 4 月设定其 2030 年减排目标是和 2013 年相比减排 47%。韩国在 2020 年 10 月也公布了其 2050 年碳中和目标。到目前，发达国家中，仅澳大利亚没有公布其目标。确定碳中和的主要经济体将决定全球碳中和路径。G20 中已经公布碳中和目标的国家，其二氧化碳排放占全球二氧化碳排放的 70% 左右。这些国家占全球技术出口的绝大部分，同时也是全球气候变化合作进程中的主导者，因而这些国家的碳中和目标也基本决定了全球的碳中和路径。

第三节　碳达峰碳中和目标对工业城市发展的影响

一、影响工业城市碳排放的主要因素

工业是经济发展的核心，工业生产是现代生活的基础。中国持续的经济增长和城市化，将对水泥、钢铁和化工行业带来强劲需求，工业生产过程也会消耗大量化石燃料且产生大量二氧化碳。对于工业城市来讲，影响其碳排放的主要因素如下：

（1）产业结构中的工业比重。长期以来，工业化建设主导了中国的碳排放和空气污染排放，且直到目前仍然是中国工业城市和地区排放的重要驱动力。一般来说，伴随着经济体的经济发展和结构转型，第一产业在经济结构中的比重将逐渐降低，第三产业即服务业的比重将逐渐升高，第二产业的比重则将经历先上升、后下降的倒"U"型过程。而在各产业中，第一产业主要带来较高的 NH_3 排放（农业、畜牧业）和 CH_4 排放（畜牧业）（Qi et al.，2017；Yu et al.，2012；Zheng et al.，2012），二氧化碳和其他污染物排放强度则相对较低；第二产业是三大产业中碳强度最高的产业，因此，工业比重是驱动碳排放和空气污染物排放增加的一个重要因素（Shi et al.，2019；Chen et al.，2017；Li et al.，2016）。

（2）工业中高耗能行业比重。工业城市中总体重化工业比重较高，包括黑色金属冶炼、钢铁和有色金融、建筑材料、水泥、石油化工等六大高排放高耗能行业。这些行业是工业城市中碳排放主要驱动因素，据统计，高耗能产业产生的碳排放量占据整个工业部门的80%，且高耗能产业存在锁定效应和路径依赖效应，具有巨大的发展惯性。因此，工业城市高耗能行业的比重将是影响其碳排放的主要因素。

（3）能源结构变化。能源结构变化将在较大程度上影响温室气体排放量。从能源供给角度来看，作为一种廉价、量大、易获取的固体燃料，煤炭在中国乃至全球能源消费结构中长期居主导地位。煤炭的直接消费和燃煤发电是全球能源生产部门和重工业部门温室气体排放与空气污染的主要驱动因素（Oberschelp et al.，2019；Tian et al.，2019）。从能源需求角度来看，工业部门属于能源密集行业，规模巨大的工业经济必然消耗大量化石能源。2019年，中国制造业增加值占GDP比重高达27.2%，到2030年仍在22%左右，对能源消费需求量大、比重高。因此，从能源供给和需求角度两方面看，能源结构变化是影响工业城市碳排放的主要因素。

（4）技术进步及技术选择。技术进步对全球和中国的碳排放量有着双重影响，对于不同地区以及同一地区的不同发展阶段，技术进步对碳排放的影响表现出时空异质性。在部分地区，技术进步提高了工业生产率和回报率，从而推进了第二产业的发展，促进了碳排放增长（Li et al.，2012）。但更为重要的是，技术进步提高了能源效率、降低了单位产出能耗，帮助降低碳强度、推动碳排放量下降。基于 2012 年中国城市面板数据的研究表明，当研发投入增加 1% 时，中国城市的二氧化碳排放量对应减少 0.21%（Cai et al.，2018）。在工业方面，煤炭加工和能源转换技术在很大程度上影响着碳排放和污染物排放量，煤炭工业中大力推广各类清洁煤技术，如提高煤炭洗选率的煤炭加工技术，提高燃煤转化效率的燃煤发电技术和工业锅炉高效燃煤技术。另外，发展 CCUS（碳捕获、利用与封存）技术也是实现净零排放甚至负排放的关键技术。因此，技术的进步以及选择何种技术进一步发展也是工业城市碳排放的主要影响因素。

二、碳达峰目标对工业城市未来发展的影响

（1）碳达峰将改变国家工业区域布局。能源是工业发展的基础及命脉，能源结构的调整将导致工业部门成本的变化。从近十年各地区工业增加值占 GDP 的比重来看，中部地区最高，西部地区最低。从高载能行业的区域分布来看，华东地区最高，华北地区次之。2019 年高载能行业产值分布华北占比 16%，华南占比 11%，华中占比 12%，华东占比 24%，东北占比 12%，西北占比 10%，西南占比 15%①。综合来看，碳达峰对东部和中部影响比较大。从碳排放量和碳排放权分配额对比角度看，目前全国有 14 个地区表现出盈余特征。其中，云南、四川、黑龙江、北

---

① 资料来源：碳达峰对经济结构和城镇化的影响及对策研究［EB/OL］.（2021 - 08 - 06）. https：//baijiahao. baidu. com/s？id = 1707327030038358910&wfr = spider&for = pc.

京可归为"充分盈余"地区；河南、江西、湖北、广西、上海、吉林6地可归为"中度盈余"地区；海南、青海、广东、江苏等4地可归为"略微盈余"地区。16个地区的碳排放权初始空间余额均表现出了一定程度的欠缺。轻度欠缺地区包含浙江、安徽、福建、重庆4地。其中浙、皖二地属于典型的"高排放、高配额"地区，闽、渝二地碳排放权配额与当前碳排放量均属于较低水平。中度欠缺地区包含天津、内蒙古、湖南、贵州、陕西、甘肃、宁夏等7地，其中，内蒙古、陕西的能源利用结构相对单一，客观导致各自碳排放量处于较高水平；除此之外的其他地区均表现出"低排放、低配额"特征。重度欠缺地区包含河北、山西、辽宁、山东、新疆5地，都呈现出较为明显的"高排放、低配额"特征，高耗能源的广泛利用是导致其碳排放量居高不下的关键动因，而各自林木资源蓄积量的相对欠缺又极大制约了其碳排放权的分配。因此，能源结构的转型及碳排放权的分配将导致我国工业向绿色能源充沛、排放配额盈余的地方转移。

（2）碳达峰目标将优化工业城市的产业结构。碳达峰一方面促使煤炭开采、煤发电、煤化工、石油开采、炼油等传统能源相关行业比重下降；另一方面推动风电、光电、氢能、电网传输、智能电网、储能等能源技术的开发与应用，光伏、风电等新能源相关产业比重上升；还能通过碳排放配额的约束逐步淘汰未采用CCUS技术的工业部门。由于能源结构存在转换成本，高耗能和高排碳产业发展受到一定阻碍，绿色行业的发展将获得充分的空间，未来在市场需求推动下，绿色发展领域技术突破，清洁能源使用成本下降，将更好地推动工业城市产业结构的提质增效进程。

（3）碳达峰目标将改变城市就业结构。在中国目前发展阶段，要实现碳达峰目标就要采取更为严格的节能减排政策，主要包括环境规制政策（例如，约束企业的碳排放总量）和征收碳税等，前者会增加企业在节能减排设备或中间投入上的成本，后者则直接导致企业边际成本增加。无论采用哪种工具，都意味着企业生产成本增加、企业盈利空间缩小，同等条件下会导致企业用工数量的减少。短期来看，碳达峰政策影响最直接的是与煤炭直接相关以及高耗能部门，例如煤炭开采、金属冶炼、水泥建材、石化等重工业部门，这些行业未来可能会面临员工转岗、再培训等问题。同时，绿色发展本身也在创造新的机遇。新产业新技术的产生，以及传统产业转型升级，传统就业岗位消失的同时也会带来新的就业创造。一些传统高碳部门在转型过程中会向产业链下游延伸，特别是增加服务环节的附加值，而这些环节的增长又会吸纳一部分劳动力。2010~2019年，中国在可再生能源行业创造了440万个工作岗位，约占全球的38%，其中，光伏发电部门提供就业机会220万个，占59%；海上和陆上风电创造了50万个就业岗位，占44%；水电部门提供就业机会60万个，占29%；太阳能加热和制冷部门创造就业职位70万个，占81%。根据国际投资银行（Goldman Sachs）的预测，截至2060年，中国在清洁技术基础设施领域的投资将达16万亿美元，将创造4000万个就业机会①。

---

① 资料来源：碳达峰、碳中和目标与中国的新能源革命［EB/OL］.（2021 - 09 - 20）. https：//mp. weixin. qq. com/s?__biz = MzU4Mjg5ODUxNA = &mid = 2247538133&idx = 8&sn = f7deb07331e848c4b09d7f61b2d14363&chksm = fdb353e8cac4dafe2c7aa6b104ced3ec6c1 74dd355990ba7e8a8af729793d62f6631483a5e68&scene = 27.

（4）碳达峰目标下，巩固光伏和风电设备制造的国际竞争力，有利于抢占国际绿色科技竞争制高点。当可再生能源的技术成本不断降低和性能不断提升时，光伏发电和风电等新兴技术的发展在推动经济发展的正面效应方面便越发凸显。因此，越快拥抱新能源技术革命的国家，越可能在 21 世纪经济科技发展中抢占优先地位。中国在发展可再生能源和新兴绿色经济领域处于较为领先的地位，如太阳能光伏电池、储能电池、电动汽车、5G、人工智能等。但与国际先进水平相比，中国绿色低碳重大战略技术储备不足，整体仍处于"跟跑"状态。2010～2019 年期间，中国对可再生能源部门的投资达 8180 亿美元①，成为太阳能光伏发电和光热发电的最大市场。而且，中国是可再生能源制造业大国，拥有全球 70% 的光伏产能和 40% 的风电产能，全球碳达峰、碳中和目标将为中国的光伏发电和风电设备提供巨大的市场机会。从而，中国可通过鼓励可再生能源行业的扩张，创造工业机会，推动国内绿色经济发展，并提升可再生技术的国际竞争力，抢占 21 世纪绿色科技领先国家地位。

（5）碳达峰加大了工业城市产业和能源结构调整的压力与风险。相较于发达国家，中国在经济结构、能源结构和能源效率上存在明显劣势，在推进碳达峰、碳中和目标上面临着巨大的障碍和挑战，加大了产业和能源结构调整的压力与成本，体现在以下几个方面。

---

① 资料来源：碳达峰、碳中和目标与中国的新能源革命［EB/OL］.（2021－08－20）. https：//baijiahao. baidu. com/s?id = 1708615887733747298&wfr = spider&for = pc.

一是工业领域面临边发展边减排的困境。当下，发达国家已实现高度服务化，能源强度已明显下降，但中国目前刚刚接近高收入国家的门槛，经济发展和追赶任务繁重。要实现"十四五"规划和 2035 年远景目标，未来十五年中国经济年均增速仍然需要保持在 5% 这一较快水平，才能在 2025 年、2035 年分别进入高收入国家、中等发达国家的行列。为降低单位 GDP 的能耗和碳排放水平，工业城市需要调整和优化经济结构，淘汰钢铁、水泥、玻璃等过剩行业的部分产能，降低工业经济特别是高排放高污染重化工业的比重，但制造业是立国之基，不能过早去工业化，其在国民经济中的份额宜稳定维持在 40% 左右，为此工业领域将面临边转型边发展的困境。

二是我国工业城市能源转型面临着"富煤、贫油、少气"的资源禀赋瓶颈。目前，煤炭在中国一次能源消费结构中的比重高达 60%，非化石能源占比仅 15%，石油和天然气消费高度依赖进口，能源供应安全风险居高不下，水电和核电等清洁能源发展空间受限，光伏发电和风电发展势头虽迅猛但占比太低，调整和优化现有能源结构的回旋空间小，预计未来较长一段时间内煤炭仍将扮演主体能源角色和兜底保障功能。尽管中国是最大的碳排放国，但减排的潜力大且速度快。在过去二十余年中，中国的单位 GDP 碳排放强度下降了 40%，仅次于英国，是全球碳强度下降幅度第二大的国家，完成了哥本哈根会议的承诺和"十三五"规划的减排目标。而且，碳达峰、碳中和目标压力会倒逼中国的产业结构从高污染、高排放的产业向低碳产业加快转型。低碳产业转型将提高产业的全要素生产率、改变生产方式、培育新的商业模式，有助于促进中国实现经济结构调整、优化和升级的目标。

三是能源和环境成本上升导致工业成本增加，国际价格竞争力削弱。目前，中国是世界工厂和第一制造业大国，约进口了全球一半的金属矿石资源。客观地看，中国制造业之所以取得如今世界工厂的地位，固然与高素质且低成本的劳动力、完整的工业产业链条和产业集聚的优势相关，但还有一个不可忽视的因素是，未将生态环境成本计算在内。在当前能源技术没有取得明显突破，碳减排以产业结构调整、节能增效和非化石能源发展为主要手段的情形下，加大碳减排力度，显然会增加企业的成本，削弱制造业的竞争力。

四是风电光伏大规模并网对电力系统安全运行构成威胁，煤电有序退出面临巨大困难。电力行业是实现碳达峰目标的主战场，电力替代化石能源的进程将会加快，电气化时代会加速到来。这对中国电力系统而言，既是难得的发展机遇，又是巨大的挑战和紧迫的任务。一是如何在确保电力供应稳定、就业稳定和尽量减少前期投资浪费的前提下，逐步、有序地推进中国现役的1000多座燃煤电厂退役。二是如何处理风电光伏在未来大量并网和消纳后给电力系统安全带来的冲击。风电光伏的大规模并网会给电力系统带来间歇性挑战。

三、碳中和目标对工业城市未来发展的影响

中国提出 2060 年前碳中和目标，意味着中国在能源结构、

经济发展、技术革新、气候政策等各方面都需要进行全方面深层次的改革和转型，以实现科学的碳中和路径，对中国经济社会各个领域都提出更高标准的要求。工业城市将面临着紧迫的能源、产业、交通等结构调整形势，而减排降碳与污染治理、环境改善可以产生显著的协同效应，未来的城市将朝着更宜居的方向迈进。在低碳时代，城市发展很难再唯 GDP 论，而在这样的转变过程中，中国的城市竞争力格局，尤其是工业城市的竞争力格局将迎来新一轮的洗牌。

（1）碳中和目标将使能源加速转型，能源行业承载着最先实现碳中和甚至负排放的期望。在能源消费方面，实现碳中和目标意味着更多的电能将替代化石能源消费，全社会电力需求将大大提升。碳中和目标相关情景研究表明，到 2050 年，可再生能源和核电等零碳能源会占到一次能源需求量的 70% 以上，2060 年我国用电将超过 20 万亿度，电力系统规模还将成倍增长。在体制机制方面，考虑气候变化对能源、交通等基础设施的影响，迫切需要加强相应的适应措施。例如，风电场和光伏发电布局需要充分考虑气候变化对风光资源分布的影响，水电大坝建设需要尽可能减少对生态环境的影响，进一步强化应对极端降水变化引发的洪涝灾害的能力。建筑和交通等终端用能部门全面电气化后，传统电网和智能化水平不高的电网供电的脆弱性增强，适应气候变化的风险将更为紧迫。碳中和目标也将成为国内气候投融资领域和碳交易市场的强烈"助推剂"，碳资产将越来越成为紧缺、稀缺的资源。

（2）碳中和目标会加快经济转型升级。碳中和目标下所有温室气体排放量将降至零，经济产业必将面临脱碳大环境的短期冲击与长期转型挑战。淘汰落后产能，优化存量产能，严格把控高耗能产业新增产能，推动产业调整升级，提升资源利用效率，完善低碳发展体制是必然趋势。煤炭、冶炼、石化等传统重工业受影响最大。工业部门中一些难以减排的行业将采用新的低碳或零碳生产工艺实现减排（姜克隽，2021）；一些行业将被归零、颠覆，新的行业和新的商业模式将诞生；零碳能源系统的变革引发产业重新布局，未来中国主要基础产业将向可再生能源富集和低成本地区转移（姜克隽等，2021）；全球产业链将重组和重构（李俊峰，2021）。

（3）碳中和目标会加速技术革新。众多研究表明，深度减排的关键技术路径应包括大幅提高清洁低碳能源供应比例、大幅提高终端能源消费电气化比例、尽快推广应用负排放技术和包含氢能炼钢、钢铁等工业部门 CCS 等技术的终端部门的低碳技术革命（IPCC，2014；IEA，2018）。在技术进步和政策制定方面付出努力，对能耗较高的工艺过程进行研发创新，通过高耗能产业向高新技术产业转移，改善能源强度，实现绿色低碳转型的目的（An et al.，2018；Shi et al.，2019a）。

（4）碳中和目标会导致产业布局的明显变革。根据姜克隽（2020）的研究，在考虑多种实现产业深度减排技术选择（如碳捕集与封存）的情况下，不少产业都将转向可再生能源富集和低成本地区，特别是光伏发电成本优势地区，以实现本地光伏发电、制氢、产品制造系列化。这些产业的转移也将进一步带动下游产业的转移，该格局将导致碳中和目标下中国产业布局的明显变革。

（5）碳达峰向碳中和过渡的时间短对经济体系全面转型造成极大压力。发达国家已实现自然碳达峰，向碳中和过渡的时间有五六十年，其能源转型是沿着先由石油替代煤炭、再由天然气替代石油的递进规律自然形成的，而中国尚未实现碳达峰，城市化进程尚未完成，大量低收入群体在不同程度上存在能源贫困现象，人均能源消费需求仍维持增长，向碳中和过渡的时间仅三十年，调整经济结构和能源结构的任务繁重。

碳达峰、碳中和目标对于工业城市是挑战和机遇并存，既经受着经济和能源结构调整的巨大压力，又面临着推进绿色低碳转型发展和持续创新能源科技新优势的时代机遇。因此，碳达峰、碳中和是科技创新的竞赛，所有的问题都可以通过创新来解决，这是我们必须正视的一个问题。因此必须提高创新能力，包括技术创新和体制机制创新。碳达峰与碳中和目标的确立对科技创新，特别是整体技术布局与技术发展方向提出了全新的要求。一是碳中和愿景的提出预示着未来减排力度将发生深刻变化。国家自主贡献目标要求相对排放基准线的碳强度降低，碳中和目标需要实现整体经济活动的源汇相抵，对能实现深度减排的脱碳、零碳和负排放技术需求明显增强。二是碳中和愿景的提出将对能源供给侧和消费侧产生巨大影响。不仅需要工业、交通、建筑等消费侧部门积极响应，而且需要电力、燃料等能源供给侧部门做出主动调整，负碳电力系统的重构、零碳能源体系的建立，以及近零排放工业流程的重塑亟需科技支撑。三是碳中和愿景的提出将给经济社会发展模式带来颠覆性改变，需要兼顾减排目标实现、能源资源安全和经济社会可持续发展的多重需求，亟需区域、行业和整体的系统优化集成提供支撑。我们必须摒弃传统粗放式的发展道路，利用科技创新来抑制煤电、钢铁、建材等高耗能重化工业的产能扩张。通过科技创新，让产业实现低碳转型和技术升级，从而进入高质量发展的轨道。在实现产业转型升级的同时，我们也要积极推动能源技术革命，力争用颠覆性的创新，实现节能减排和绿色发展。

第四节　本章小结

本章首先厘清了碳达峰、碳中和的概念及特征，总结了碳达峰碳中和目标下不同国家和地区的行动，进而全面解析了碳达峰碳中和目标对工业城市发展的影响。通过本章研究，碳达峰、碳中和目标对于工业城市是挑战和机遇并存，既经受着经济和能源结构调整的巨大压力，又面临着推进绿色低碳转型发展和持续创新能源科技新优势的时代机遇。

特别是碳中和目标，将使能源转型加速，能源供应的清洁化和能源消费领域的电气化将对能源系统、工艺技术、机制体制造成巨大冲击；碳中和目标也将成为国内气候投融资领域和碳交易市场的强烈"助推剂"，碳资产将越来越成为紧缺、稀缺的资源；碳中和目标会让所有温室气体排放量将降至零，经济产业必将面临脱碳大环境的短期冲击与长期转型挑战，煤炭、冶炼、石化等传统重工业受影响最大，工业部门中一些难以减排的行业将采用新的低碳或零碳生产工艺实现减排，一些行业将被归零、颠覆，新的行业和新的商业模式将诞生；零碳能源系统的变革引发产业重新布局，未来中国主要基础产业将向可再生能源富集和低成本地区转移，全球产业链将重组和重构，碳达峰向碳中和过渡的时间短对经济体系全面转型造成极大压力。同时碳达峰碳中和目标又面临着推进绿色低碳转型发展和持续创新能源科技新优势的时代机遇。碳达峰碳中和是科技创新的竞赛，对整体技术布局与技术发展方向提出了全新的要求，我们必须摒弃传统粗放式的发展道路，利用科技创新来抑制煤电、钢铁、建材等高耗能重化工业的产能扩张。通过科技创新，让产业实现低碳转型和技术升级，从而进入高质量发展的轨道。

理解碳达峰碳中和目标对于工业城市既是挑战，也是机遇的理念后，我们接下来将以重庆为例，分析典型工业城市如何立足自身特质，迎接双碳目标挑战与机遇，实现绿色低碳可持续转型。

第三章

重庆碳排放现状及实现双碳目标的挑战与机遇

第一节　重庆二氧化碳排放现状

　　本书对重庆 20 余年能源活动碳排放的描述，主要从分能源品种、能源平衡和能源终端消费三方面展开。本章图表数据根据 1997～2020 年《重庆统计年鉴》的统计数据，经作者加工、整理、计算获得。

一、重庆二氧化碳排放总量与强度

　　1. 排放总体情况

　　在 1997～2012 年期间，重庆终端能源二氧化碳排放总量呈上升趋势，从 4450.61 万吨上升到 13049.81 万吨二氧化碳，2013～2019 年终端能源二氧化碳排放趋于平稳，到 2019 年终端二氧化碳排放量下降到 10325.18 万吨,如图 3 - 1 所示。

图 3 - 1 终端能源二氧化碳排放总量

1997 ~ 2000 年,重庆终端能源二氧化碳排放强度在增大,2000 ~ 2019 年期间终端能源二氧化碳排放强度整体上呈现下降趋势,其排放强度从 3.74 吨二氧化碳/万元下降到 0.44 吨二氧化碳/万元,如图 3 - 2 所示。

图 3 - 2 终端能源二氧化碳排放强度

2. 分部门终端能源二氧化碳排放总量与强度

1997～2019 年重庆市分部门终端能源二氧化碳排放量，第一产业从 1997 年的 353.85 吨二氧化碳下降到 2019 年的 182.89 万吨；第二产业终端能源排放量从 1997 年的 3476.50 万吨增长到 2019 年的 7182.91 万吨；第三产业从 180.40 万吨增长到 2056.63 万吨；居民生活消费从 488.63 万吨增长到 902.76 万吨，如图 3-3 所示。

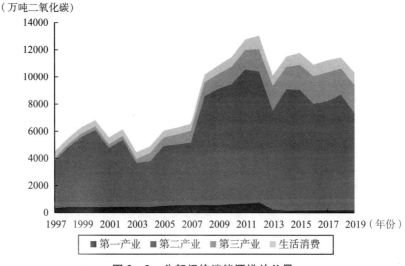

（万吨二氧化碳）

图 3-3　分部门终端能源排放总量

1997～2019 年重庆分部门终端排放强度，第一产业和第三产业排放强度相较于第二产业变化较为缓慢，第二产业排放强度下降颇大，从 5.28 吨二氧化碳当量（tCO_2e）/万元下降到 0.76 吨二氧化碳当量/万元，如图 3-4 所示。

（吨二氧化碳当量/万元）

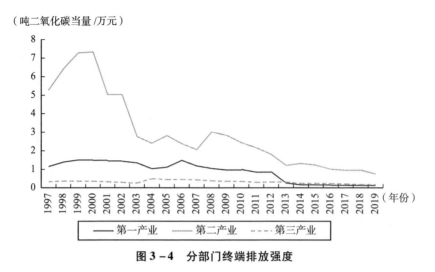

图 3 - 4　分部门终端排放强度

3. 分行业排放总量与强度

2019 年规模以上分行业终端能源消耗排放排名前十的行业有电力、热力生产和供应业，煤炭开采和洗选业，非金属矿物制品业，化学原料及化学制品制造，黑色金属冶炼及压延加工业，有色金属冶炼及压延加工业，造纸及纸制品业，油和天然气开采业，非金属矿采选业，汽车制造业，其排放量分别达到 34666921.02 吨、18455682.17 吨、15878740.29 吨、15728255 吨、10234772.82 吨、6853426.785 吨、3760941.293 吨、1049002.232 吨、982309.1975 吨、661871.9395 吨二氧化碳，其中电力、热力生产和供应业和化学原料排放量占比最大，合计达到 30.98%。汽车制造业碳排放占比为 0.59%，排第 10 位。其中排放排前五的行业排放总量就达到工业排放总量的 84.86%，如图 3 - 5 所示。

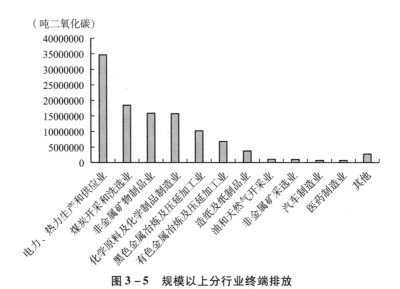

（吨二氧化碳）

图 3-5　规模以上分行业终端排放

4. 分能源品种的碳排放情况

重庆市碳排放在煤、油、气、电四种能源的分布如图 3-6 所示。由图 3-6 可见，在 2018 年出现了一个比较明显的上升，这个现象大程度上归因于统计口径的调整，但这并不影响对碳排放现状的研究，因为现状研究主要是基于历史上各影响排放的因素之间的横向相关性分析得出。从图 3-6 中还可以看出，煤消耗产生的排放相比其他排放有较大增长。为了进一步观察各能源排放所占比重的变化，可以将各能源排放在同一时期的比重发展趋势展现出来。

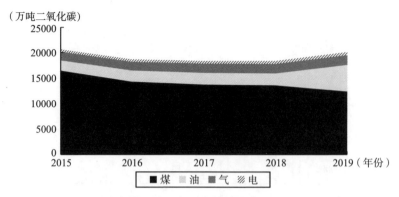

（万吨二氧化碳）

图 3-6　重庆市煤、油、气、电排放分布（2015～2019 年）

图 3-7 是四种能源的排放比重在 2015～2019 期间的发展趋势。总排放比重相对比较稳定。煤的排放比重在 2016～2019 年呈现出逐年下降的趋势；而油的排放比重一直表现得较为稳定，2018～2019 年油排放比重增加，相应的煤的比重被压缩。这里似乎可以在经济社会发展中找出可能的原因：可能因为经济结构的发展以及节能减排技术的应用带来能源消费结构变化，导致煤排放比重下降；而城镇化发展需要匹配的交通进行保障，加上私人交通的迅猛发展，导致油排放比重上升。

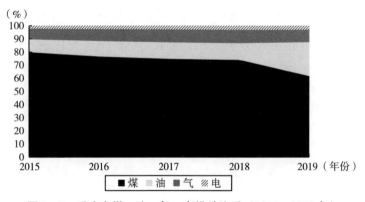

（%）

图 3-7　重庆市煤、油、气、电排放比重（2015～2019 年）

　　图 3-8 和 3-9 对煤、油的更细能源品种分类消耗的排放占比进行描述。天然气的两个子项，天然气和液化天然气没有实质性区别，不对其进行细分描述。

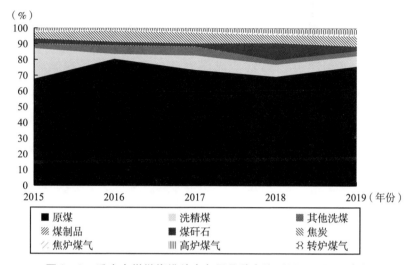

图 3-8　重庆市煤燃烧排放中各子品种占比（2015～2019 年）

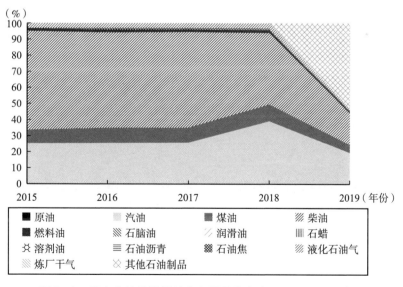

图 3-9　重庆市油燃烧排放中各子品种占比（2015～2019 年）

研究发现：

（1）原煤的排放在煤燃烧排放中占到绝大部分（75%左右），在2016年有明显的增加趋势，原煤的排放占比达到了80%，相应的2016年型煤比例减少。这里要说明一下，在重庆市能源平衡表煤燃烧的品种统计中，其中2015～2017年统计的是型煤，到2018年以后就变成煤制品，为了方便呈现煤燃烧排放中各种品种的比重，这里将型煤和煤制品统一成煤制品。

（2）在油燃烧排放中，煤油、汽油和柴油产生的排放占到绝大多数，其中柴油排放比重最大，并且自2017年起，汽油排放的比重进一步上升，压缩了柴油排放的比重。

5. 重庆市分产业终端能耗排放量

重庆总碳排放在能源加工转换、能耗损失和终端能源消耗三个分类上的排放分布如图3-10所示。

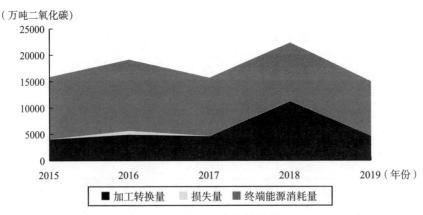

（万吨二氧化碳）

图3-10　重庆市碳排放按能源平衡结构分布（2015～2019年）

由图3-10可见，重庆终端能源消耗所占的排放占总排放的绝大部分，故对其分析最为重要。由能源平衡结构分析可知，终端能耗产生的排放是重庆市碳排放分析的重要维度。本研究主要根据现有统计体系以及重庆市的产业结构特点对终端能源消耗产生根据不同层级，分部门、行业、领域进行核算，得到图3-11。可见，在终端能耗排放中，工业的能耗排放占绝大部分，约75%左右。整体上，从2015年到2019年，各个部门能耗排放占比变化都不大，其中工业的终端能耗排放是全市排放的重中之重，需要将其排放在几种能源之间的分布进行描述，为减排潜力、低碳发展路径及政策提供参考。

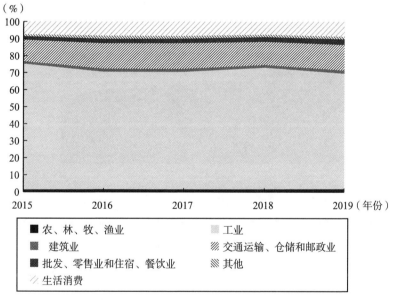

图3-11　重庆市各部门、行业、领域终端能源消耗排放分布（2015～2019年）

二、重庆工业排放的总量与结构

1. 工业排放总体情况

图 3－12 显示了工业终端能耗的能源占比情况。首先，煤的排放比重尽管在 2015～2019 年有所波动，从 2015 年的 64% 下降到 2019 年的 49%，但一直占主要地位（50%～70%）。其次，电力、天然气和油消耗产生的排放都有一定程度的增加，电力消耗排放从 3.8% 到 6.0%、油占比从 17.7%～25.4% 以及气的排放占比从 14.2%～18.6%。

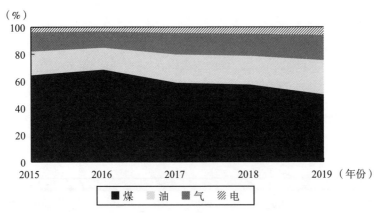

图 3－12　重庆市工业终端能耗排放在各能源之间的分布（2015～2019 年）

从能源结构来说，减低煤耗比重的技术或者产业调整（如煤改气、电，或减少高煤耗的产业项目）和优化电力排放（增加清洁发电比重）是减低工业终端能耗排放的重要手段。

　　工业包括煤炭开采和洗选业、电力热力生产和供应业、非金属矿物制品业、化学原料及化学制品制造业、黑色金属冶炼及压延加工业、有色金属冶炼及压延加工业、造纸及纸制品业、非金属矿采选业、石油和天然气开采业、汽车制造业以及其他产业，其中非金属矿物制品业，化学原料及化学制品制造业，有色金属冶炼及压延加工业，汽车制造业，农副食品加工业，铁路、传播、航空航天和其他运输设备制造业，通用设备制造业，电气机械和器材制造业，计算机、通信和其他电子设备制造业构成了重庆主导产业，见图 3-13 和图 3-14。

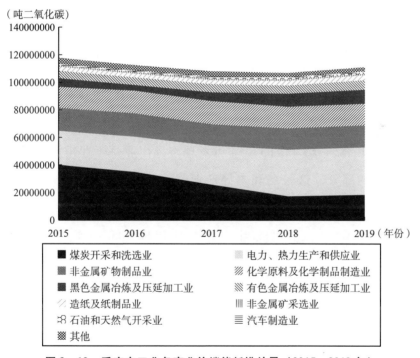

图 3-13　重庆市工业各产业终端能耗排放量（2015~2019 年）

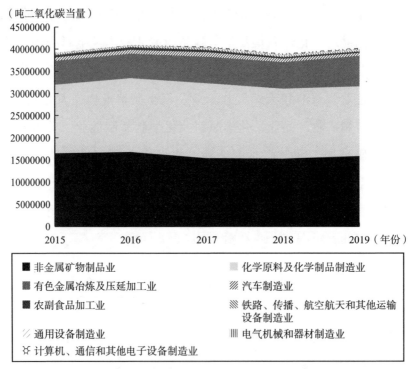

（吨二氧化碳当量）

图 3-14　重庆市主导产业终端能耗排放（2015~2019 年）

对比图 3-13 和图 3-14 可发现主导产业是工业排放组成中最重要的部分，这一点和主导产业作为重庆支柱型产业的地位相符。2015~2019 年期间，主导产业排放在这一期间从 39127308.04 吨二氧化碳当量增加到 40245405.13 吨二氧化碳当量。

2. 重庆能源消费情况

重庆能源消费以煤为主，对外依存度大。"十三五"时期，重庆市能源消费量从 7747.32 万吨标准煤增至 2019 年的 8889.44 万吨标准煤，年均增长 2.8%，年均增速比"十二五"时期低了

3.7 个百分点。全市终端能源消费总量从 1997 年的 2009.79 万吨标准煤增至 2019 年的 6017.15 万吨标准煤。见图 3 - 15。受资源禀赋特点影响，煤炭占能源消费总量的比重仍然保持第一，但下降趋势明显，煤炭消费占比从 2015 年的 49.1% 降低至 45.8%，降低了 3.3 个百分点。与此同时，天然气、水电等清洁能源比重逐步提高。重庆能源消费对外依存度大，2019 年能源调进量是 6148.69 万吨标准煤，占能源消费总量的 69%；其中电力消费总量是 1160.19 千瓦时（kWh），外省调入量是 408.06 千瓦时，占电力消费总量的 35%。预计到 2035 年，新增电力需求将达 2500 万千瓦。

（万吨标准煤）

图 3 - 15　终端能源消耗总量

重庆单位 GDP 能耗强度逐年降低。在各项节能降耗措施的大力推动下，重庆稳步推动能源结构升级，积极推广能源技术创新，单位 GDP 能耗持续下降。"十三五"期间，全市单位 GDP 能耗累计共降低 19.4%，超额完成"十三五"节能控制目标，见图 3 - 16。

（吨标准煤/万元）

图 3-16 单位 GDP 能耗强度

能源利用效率明显提高。在全市加大节能投入、加强节能监督管理、积极推广节能技术产品和节能新机制多项措施的推动下，全市能源利用效率明显提高。2020 年，全市规模以上工业企业火力发电效率为 38.7%，比 2015 年提高 0.2 个百分点；供热效率为 86.2%，比 2015 年提高 5.8 个百分点；炼焦效率为 98.4%，比 2015 年提高 1.4 个百分点，见图 3-17。

图 3-17 "十三五"时期全市各年单位 GDP 能耗下降幅度

　　主要耗能产品单位产品能耗大幅下降。"十三五"时期，重庆大力实施工业绿色发展战略，加快提升企业技术水平和设备工艺水平，推进工业企业节能、环保和资源综合利用，主要耗能产品单位产品能耗大幅下降。从全市规模以上工业企业重点耗能产品单位工序能耗看，在42项产品单位产品能耗中，扣除新增企业影响因素，2020年与2015年相比，有75%的单位产品能耗呈下降趋势，主要集中在火力发电、水泥、钢铁等重点耗能行业企业，其中，2020年，电厂火力发电标准煤耗297.44克标准煤/千瓦时，比2015年下降3.8%；吨水泥综合能耗85.89千克标准煤/吨，比2015年下降4.6%；吨钢综合能耗527.68千克标准煤/吨，比2015年下降18.8%。

　　第二产业是终端能源消费的主力军。重庆市第一产业终端能源消费量从1997年的145.871065万吨下降到2019年的95.38548175万吨，累计下降34.6%；第二产业终端能源消费量从1997年的1530.544256万吨增长到2019年的3738.19万吨，增长了144.24%；第三产业从104.99万吨增长到1437.65万吨，累计增长1269.32%；居民生活消费能源消费量从228.39万吨增长到745.93万吨，增长了226.6%。第二产业是终端能源消费的主力军，2019年，第二产业终端能源消费量占62%；其次是第三产业，占24%；再次是居民生活，占12%；最后是第一产业，占2%，见图3-18。

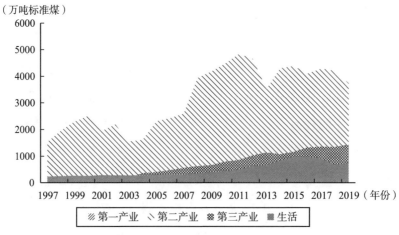

图 3 - 18　分部门终端能源消耗量

第二节　重庆碳排放特征

一、代表性特征

1. 工业部门中的主导产业的碳排放占整体排放的绝对多数

分析 2015 ~ 2019 年重庆市各个产业部门的能源消耗现状，可发现工业部门能源消耗排放占了绝大部分。从工业部门入手，分析各个行业的能源消耗排放情况具有一定的必要性，观察重庆市主导产业与高能耗高排放之间的关系发现，主导产业的碳排放占到工业排放的较大比重，见图 3 - 19、表 3 - 1。

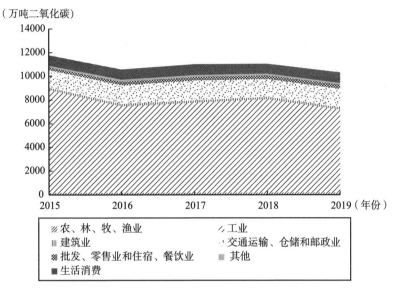

图 3-19 2015～2019 年分部门终端碳排放

表 3-1   2015～2019 年各部门碳排放占比   单位：%

年份	农、林、牧、渔业	工业	建筑业	交通运输、仓储和邮政业	批发、零售业和住宿、餐饮业	其他	生活消费
2015	1.00	74.00	1.00	13.00	2.00	1.00	7.00
2016	2.00	69.00	2.00	15.00	3.00	2.00	8.00
2017	2.00	69.00	2.00	15.00	3.00	2.00	8.00
2018	2.00	71.00	2.00	14.00	2.00	2.00	8.00
2019	2.00	68.00	2.00	15.00	3.00	1.00	9.00

由表 3-1 可知，第一大排放部门是工业部门，2015 年工业部门排放占比高达 74%，2019 年占比为 68%，相比于 2015 年，

工业部分排放占比减少了 6%；交通部门排放居其次，2019 年交通部门排放占 15%。

如图 3 – 20 所示，规模以上工业，2019 年按行业分排放量前十的行业分别是电力、热力生产和供应业，煤炭开采和洗选业，非金属矿物制品业，化学原料及化学制品制造业，黑色金属冶炼及压延加工业，有色金属冶炼及压延加工业，造纸及纸制品业，油和天然气开采业，非金属矿采选业，汽车制造业。

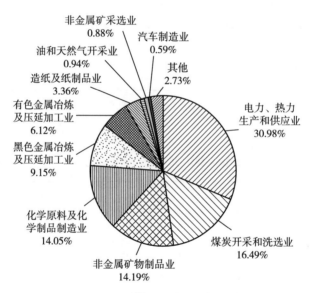

图 3 – 20　2019 年规模以上按行业分碳排放占比

2019 年，GDP 前十的十个行业分别为计算机、通信和其他电子设备制造业，汽车制造业，非金属矿物制品，电气机械和器材制造，铁路、传播、航空航天和其他运输设备制造业，农副食品加工业，通用设备制造业，电力、热力生产和供应业，有色金属冶炼及压延加工业，化学原料及化学制品制造业，如表 3 - 2 所示。

表 3 - 2　　2019 年 GDP、能源消耗、碳排放靠前行业对比

GDP	碳排	能源消耗
计算机、通信和其他电子设备制造业	电力、热力生产和供应业	电力、热力生产和供应业
汽车制造业	煤炭开采和洗选业	化学原料及化学制品制造业
非金属矿物制品业	非金属矿物制品业	非金属矿物制品业
电气机械和器材制造业	化学原料及化学制品制造业	煤炭开采和洗选业
铁路、传播、航空航天和其他运输设备制造业	黑色金属冶炼及压延加工业	黑色金属冶炼及压延加工业
农副食品加工业	有色金属冶炼及压延加工业	有色金属冶炼及压延加工业
通用设备制造业	造纸及纸制品业	造纸及纸制品业
电力、热力生产和供应业	油和天然气开采业	汽车制造业
有色金属冶炼及压延加工业	非金属矿采选业	油和天然气开采业
化学原料及化学制品制造业	汽车制造业	计算机、通信和其他电子设备制造业
黑色金属冶炼及压延加工业	医药制造业	非金属矿采选业
医药制造业	食品制造业	金属制品业

2. 战略性新兴产业快速发展，降低了工业平均排放强度

重庆新一代信息技术、高端装备、人工智能、新材料、新能源汽车等战略性新兴产业从 2010 年起快速发展，2018 年，战略性新兴产业实现增加值 1261.38 亿元，比上年增长 13.1%，是 2011 年的 3.8 倍，其增加值占全市工业的比重由 2017 年同期的 17.3% 提高到 22.9%，对全市工业增长的贡献达 495.2%。分产

业集群看，新一代信息技术、生物和新材料产业分别增长22.2%、10.0%和6.5%①，这说明重庆市在新技术、新材料、新工艺、新产品的研发和推广应用方面，成绩和进步是比较显著的。战略性新兴产业多为低排放产业，这类产业的快速发展，降低了重庆工业的平均排放强度。

3. 新兴服务业崛起、服务业结构性改革降排成效显著

近年来，在"互联网＋"，新金融，现代物流，专业服务和文化、旅游、健康、体育、养老五大"幸福产业"和现代金融等新兴服务快速发展的推动下，重庆服务业发展迅猛。新兴服务业发展迅速，与重庆市大力实施第三产业"补短板"的结构性改革有关，也与工业的规模化、专业化、集约化发展有关。从2008年开始，重庆市在第三产业产生的 GDP 的比重，开始超过第二产业，之后，第三产业增加值比重一直稳中有升。服务业的平均排放强度明显低于工业，其中新兴服务业表现尤佳。但近年来重庆物流业的快速发展和由于人民群众生活条件改善导致的私人交通工具的快速增加，导致交通运输行业碳排放规模快速增加，成为重庆碳排放源中越来越不可忽视的重要板块。

二、特殊性表现

1. 重庆市碳排放的个性化

重庆是我国重要的老工业基地，具有典型的大城市带大农村

---

① 资料来源：2018 年重庆市国民经济和社会发展统计公报［EB/OL］.（2019 - 03 - 19）. https: //www. cq. gov. cn/zjcq/sjfb_120853/tjgb/201903/t20190319_8650130. html.

二元化结构、兼具大山区和大库区的地理资源特征，能源相对短缺且结构偏煤，其产业结构偏重、排放强度偏大，因冬冷夏热的山地特征，其交通和建筑领域的排放强度也相对较大。作为中国西部唯一的直辖市，又处在"一带一路"和"长江经济带"的联结点上，近年来，重庆经济发展势头强劲，产业结构、人口总量及分布结构也发生了显著的改变，这对重庆的碳排放趋势有着深刻的影响，这些因素都导致了重庆碳排放的个性化特点。

第一，总排放呈现从平缓到较快再到平缓增长的特征，重庆市成直辖市后燃油排放增长迅速。重庆市总排放在1997～2003年平缓增长，2004～2012年后出现较快增长，2013年后增长缓慢，但燃油排放增长迅速。重庆市二氧化碳总排放在1997～2003年增长趋势平缓，自2004年开始，增长趋势比较明显，尤其在2007年和2011年都有比较明显的增长，不过在2013年显示了一个明显的下降之后又缓慢增长。重庆直辖以来，构成总排放的能源结构发生了深刻的变化，煤燃烧和天然气燃烧产生的排放增幅低于油料燃烧和电力消耗产生的排放，尤其是油料燃烧产生的排放增幅远远高于其他三类能源活动产生的排放增幅。

第二，供给端造成的排放始终在总排放中占据最重要的位置，但供给端和消费端能源消费产生的排放自直辖以来增长幅度趋于一致，这间接反映了重庆市的生产和消费增长平衡的情况。在供给端产生的排放中，工业产生的排放始终占到了绝对突出的位置，其发展趋势同供给端以及总排放的趋势趋于一致，说明工业生产的排放趋势高度影响了供给端以及总排放的发展趋势；同时也要看到农、林、牧、渔业产生的排放绝对量下降，说明一产的能源消耗产生的排放在全市总排放中逐渐被边缘化；最后，我们看到服务业和其他行业能源消费产生的排放增幅远远领先于其他产业行业，客观上印证了重庆的经济结构发生了深刻变化这一情况。本书对作为供给端排放最重要的工业排放予以细化分析，发现"6 + 1"产业是工业排放组成中最重要的部分。在"6 + 1"产业里，排放从 1997 年发展到 2017 年，增幅最显著的是建材，增长了 3 倍多；另外就是汽车制造业的排放，和第一次有记录的年度数据进行比较，其排放 2017 年比 2001 年增长了 15% 左右。对于服务业的几个子产业，交通运输、仓储及邮电通迅业、批发及零售贸易业、餐饮业的排放在这一期间都有较大增幅，都在 9 倍以上。这也正好说明了服务业排放在整个供给端排放中比例显著增加的情况。

第三，重庆直辖后因城镇化加速推进而导致的直接碳排放和间接碳排放占比高且增速快。1996 年，全市常住人口城镇化率仅为 29.5%，2018 年城市化率提高到 65.5%[①]，领先全国平均水平 5.25 个百分点，位居全国各省市区第 9 位，西部地区首位[②]；建成区面积从 278 平方公里增加到 1497.47 平方公里，22 年间，仅房地产企业的房屋开发面积就达 83200 万平方米，年均增长 11.0%[③]。与城镇化直接相关的建材、建筑及交通、商贸流通等产业的排放总量及增长不容忽视。

---

① 资料来源：1996～2018 年重庆统计年鉴 [EB/OL]. https：//tjj. cq. gov. cn/zwgk_233/tjnj/tjnj. html?url = http：//tjj. cq. gov. cn/zwgk_233/tjnj/2018/indexch. htm.

② 资料来源：2018 年中国统计年鉴 [EB/OL]. http：//www. stats. gov. cn/sj/ndsj/2018/indexch. htm.

③ 资料来源：重庆综合概况数据 [EB/OL]. https：//guangjuntong. com/singleCityData.

第四，生活碳排放增长迅速，与重庆直辖后快速城镇化特征相符。现居民消费端能源消费产生的排放组成结构在 2015～2019 年这一期间发生了深刻的变化。城镇居民能耗产生的排放在这一期间增长了近 3 倍，而乡村居民能耗产生的排放在同一期间反而略有下降，2011 年以后，城镇居民能耗消费产生的排放以绝对明显的趋势超过乡村居民的这一指标。这间接表现了重庆市直辖以来的城镇化进程。

第五，生活碳排放中交通排放增长更为明显。交通领域和建筑领域的排放都在 2015～2019 年有较明显的增长，但交通领域上涨势头更为强劲，全市建筑排放在 2013 年出现了下滑的趋势。交通领域的排放主要由私人交通排放带动增长，而私人交通排放在 2008 年以后又主要是由增长更为明显的城镇私人交通排放拉动；产业移动源排放主要是由营运交通排放拉动其增长。建筑领域的排放主要由民用建筑排放拉动增长，而其中尤其归因于城镇民用建筑排放在 2011 年之后反超乡村民用建筑排放成为建筑排放的主动力。服务业建筑排放一直保持增长趋势，其中批发和零售贸易业、餐饮业建筑排放发展势头强劲。包括公共建筑在内的其他建筑排放自 2013 年开始明显下降，这在一定程度上说明全市建筑总排放在 2013 年开始下降的趋势主要是由其他建筑排放下降造成的。

2. 重庆市碳排放驱动因素及减排领域的特殊性

通过上述分析发现，能源结构偏煤、产业结构偏重、建造成本偏高、生活排放偏油这四大因素是使重庆碳排放持续增长的重要因素。基于上述驱动因素，以下列出重庆需要重点关注的减排领域及可能路径。

第一，重庆能源结构偏煤，通过清洁煤电技术及能源结构调整是减排可行路径。重庆能源相对短缺，近30%的电是外调电，工业的能源主要是煤和火力发电，火力发电主要依托本市电厂，燃料主要产自重庆綦江、万盛和永川、荣昌的煤炭，这些煤含硫高、热质低、煤矸石比重大，碳排放强度大且空气污染严重，降低能源排放强度的主要因素将是煤炭品位的提升和煤电清洁化技术的推广应用。重庆辖区内四面环山，静风频率高，日照条件差，虽不具备大范围部署风力、太阳能等清洁能源的条件，但水电资源丰富，可以通过加大长江及其干支流多个梯级水电开发利用，提升重庆电网外购电比重等途径，可进一步挖掘重庆能源行业减排潜力。

第二，重庆产业结构偏重，优化产业结构，降低工业碳排放是全市整体达峰最为重要的工作。重庆因抗战时期所布局的产业基础、三线建设时进一步强化的重工业部署、改革开放及直辖后的工业发展和优化升级，其工业总体而言结构偏重，其温室气体排放总量近年来一路攀升，一直占到全市总排放量的70%以上，对未来达峰影响重大。近年来随着产业结构变化，重庆工业的温室气体排放正在发生积极的变化。一是随着工业结构优化，能源强度呈现下降趋势。重庆工业中单位产出能耗较高的冶金、采矿、煤化工等产业，逐渐从支柱产业的龙头地位上退下来，陆续被机械（摩托车）、装备、医药，以及继之而起的汽车、电子等主导产业代替，加上新一代信息技术、高端装备、人工智能、新材料、新能源汽车等战略性新兴产业快速发展，降低了工业平均排放强度。二是随着节能减排技术在各个层面的应用，重庆工业领域的能源强度和碳排放强度在不断降低。三是在"互联网＋"，新金融，现代物流，专业服务和文化、旅游、健康、体育、养老五大"幸福产业"和现代金融等新兴服务快速发展的推动下，重庆服务业发展迅猛，产业结构性改革降排成效显著。

第三，因山地河谷地貌，重庆基础设施建设中桥隧及护坡建设多，单位体积的建设投入偏高，是排放增长的客观推手。重庆具有"大城市、大农村、大山区、大库区"的特殊市情，加上长江及其支流过境，城市建成区具有典型的"两江四岸"陡坡和峡谷风貌，在道路等基建、商务楼宇及住宅等建筑建造过程中，需要更多桥梁、隧道、消落带、边地、护坡等投入，相对平原地区及全国单位国土面积的平均建设投入相对偏高。加上重庆城市化处于快速推进过程中，"大农村、大山区、大库区"脱贫攻坚仍需要大量的山地乡村道路基建投入。单位建造成本偏高加上总体建造体量仍在加速增长，这两个因素的叠加推高了重庆建造排放的占比（冶金、建材超过50%）。

第四，因特殊的山城气候，重庆生活排放需要提前优化，以防生活领域的"高碳锁定"。重庆因特殊的山城地貌，其生活碳排放相对较高，一是重庆是国内少有的山城，人口和产业聚集区呈组团式分布，组团间山水阻隔，道路坡陡弯多，因此在人流和物流的交通组织方面，有较高的人均碳排放（汽柴油消耗）；二是重庆夏热冬暖，夏季素有"火炉"之称，且高温持续时间较长，在冬季每十日平均气温基本未低于4摄氏度，无城市集中供热，因此，家庭和单位空调使用率较高，有较高的建筑碳排放；

三是随着重庆直辖后社会经济快速发展，商业、商务楼宇扩张迅速，桥梁、城市轨道交通等大型公共基础设施及公共建筑密集建成，现代商务与商贸流通业发展迅速，都市区餐饮、住宿业发展尤其迅速，建筑及服务业的碳排放及其增长显著；四是重庆大都市区在国内较早实施了大规模农村居民户籍制度改革，100 余万农村居民转户进城，加上重庆经济社会发展对基层区县及其他省市劳动力和人才的吸纳，导致重庆市人口，尤其是城镇人口增长较快。加上人民群众生活条件改善导致的私人交通工具的快速增加，交通运输行业碳排放规模快速也增加，居民生活领域碳排放总量增长不容忽视。

为此，需要提前进行交通布局优化及低碳建筑推广普及，超前应对未来因生活品质提升而导致的排放增长，避免因交通布局不合理、建筑建设及使用过程不节能而导致的"高碳锁定"效应。

因此，重庆的碳排放达峰及低碳发展的关键可以归纳为如下几个问题：

一是城镇化进程中的排放控制问题。发达国家的经验证明，城镇化率在快速提高，在此过程中，只要碳排放未出现增长趋缓的状态，就很难实现碳排放的达峰，只有因城镇化导致的城镇人口增速引起的碳排放增长量低于能源结构调整或者技术进步带来的碳排放节约量时，峰值才可能出现。

二是第二产业结构优化升级问题。产业结构升级是一个长期的问题，必须有能反映在碳排放上的产业的进步、新产业的进入和旧产业的退出。重庆正面临长江经济带与"一带一路"协同发展的有利时机，可以借此推动发展战略性新兴工业和新兴服务业。

产业只有低碳化，产业结构的调整才有意义，这里必须要考虑中国是大国，产业链必须完整的特点，加上重庆是国家中心城市和老工业基地，工业在国民经济中一直占有重要地位，不是第三产业占比越高越好，基于此理念，需要充分合理确定产业结构。

三是能源结构优化问题，重庆能源结构受资源所限，短时期内难以有本质变化，但能源结构向着新能源和清洁化方向持续调整却应是努力的方向。在重庆碳排放达峰进程中，这种调整将为其持续的城镇化和工业化过程中必需的能源需求增量提供保障。

四是能效提高问题。提高能源效率是减少碳排放的关键，更是持续推动碳减排的重要措施，而能效提高需要系统工作，不仅要提高管理水平，也要提高相关环节和设备的技术水平，加强各个工业部门能源管理和技术研发，不断提高能源效率。

综上，影响重庆碳排放的因素虽然较多，但产业结构调整、能源结构优化、人口合理布局和交通及建筑等生活排放模式低碳化是重庆碳排放提前达峰最重要的驱动因素。

第三节　重庆实现碳达峰碳中和的挑战和机遇

一、重庆碳减排已有基础

1. 碳减排行动

"十三五"期间，重庆产业结构由"工业型经济"向"服务型经济"加速转型,新兴产业快速发展,能源产品从原煤为主的单一格局向原煤、天然气、水电、风电等多元化格局发展。除了产业结构和能源产品的"变","十三五"期间,全市工业碳排放、城镇绿色建筑、可再生能源建筑、造林森林覆盖率以及包括新能源汽车在内的低碳交通等,都在持续向优向好。

重庆作为西部唯一直辖市,参与全国碳市场联建,融入全国碳市场,培育重庆碳市场。截至目前,碳排放指标累计成交量1700万吨,交易额1.9亿元。企业自主实施工程减碳项目50余个,减碳效益超800万吨/年[①]。建设全国首个集碳履约、碳中和、碳普惠为一体的"碳惠通"生态产品价值实现平台。完成渝东北、渝东南首批碳汇类生态产品开发,促成首批生态产品成交,打通资源变现路径。为加快发展气候金融,重庆还创建绿色金融改革试验区,全国首批申请开展气候投融资试点,推动金融机构投放优惠利率贷款,发行、承销碳中和债券,开展碳排放权质押贷款等气候投融资业务,募集资金超180亿元。在碳排放强度目标方面,2020年重庆全市碳排放强度为0.70吨/万元,较2015年累计下降超过22%,超额完成国家下达的"十三五"累计下降19.5%的目标任务[②]。在能耗"双控"目标方面,2020年重庆全市能源消费总量为8875万吨标准煤,较2015年增长1127万吨,低于国家下达的"十三五"不超过1660万吨增量的控制

---

① 资料来源:应对气候变化的重庆"碳"索[EB/OL].(2021 - 08 - 26).https://baijiahao.baidu.com/s?id = 1709112697950166344&wfr = spider&for = pc.

② 资料来源:2020年全市碳排放强度为0.70吨/万元较"十二五"末累计下降超过22%[EB/OL].(2021 - 08 - 25).https://admin.cq.gov.cn/zwgk/zfxxgkml/zdlyxxgk/shgysy/hjbh/202108/t20210825_9620811.html.

目标；2020 年全市能耗强度为 0.39 吨标准煤/万元，较 2015 年累计下降 19.4%，超额完成国家下达的"十三五"累计下降 16% 的目标任务[①]。

重庆市坚定实施积极应对气候变化国家战略，采取产业结构调整、能源结构优化、减污降碳协同创新等一系列措施，在控制温室气体排放、低碳试点示范、低碳技术创新及应用、体制机制建设等方面取得积极成效。加快产业转型升级，构建绿色低碳产业体系，尤其在重点行业领域大力推进减污降碳行动，是控制碳排放的关键。重庆在全国率先发布《重庆市规划环境影响评价技术指南——碳排放评价（试行）》和《重庆市建设项目环境影响评价技术指南——碳排放评价（试行）》，为促进重点行业及园区绿色低碳循环发展、引导相关企业履行碳减排义务和建立碳管理机制提供了参考依据。

（1）加快传统产业结构调整，统筹工业、建筑、交通等行业绿色低碳导向，强化节能减排降碳约束性指标统筹管理。截至 2020 年 6 月，重庆累计完成公共建筑节能改造示范项目 1295 万平方米，改造面积在全国位居前列。据测算，重庆已完成的示范项目整体节能率达到 22% 以上，每年可节电 2.08 亿度，减排二氧化碳 21 万吨，节约能源费用 1.7 亿元[②]。

（2）加快绿色低碳生态产业发展，建设绿色制造体系，大力

---

① 资料来源：重庆发布应对气候变化白皮书［EB/OL］.（2021 – 08 – 26）. https：//baijiahao. baidu. com/s?id = 1709123372207255032&wfr = spider&for = pc.

② 资料来源：重庆累计节能改造公共建筑 1295 万平方米［EB/OL］.（2020 – 06 – 02）. https：//baijiahao. baidu. com/s?id = 1668346014809980734&wfr = spider&for = pc.

推广循环经济，发展生态环保产业。"十三五"期间，在耐德工业、三峡环保（集团）、环卫集团等龙头企业带动下，重庆绿色产业发展取得成效，千余家环保产业企业合计营收从2015年的约500亿元上升到1000亿元以上，年均增速近20%，对全市GDP的贡献从2015年的3.2%逐年提升到4%以上，逐步成为新的经济增长点。

（3）加快能源结构升级，大力发展新能源，大幅提高可再生能源比重，做好"一减""一增"。"一减"，即减少煤炭等化石能源消费。"十三五"期间，重庆煤炭消费占能源消费总量比重持续下降，天然气消费量占能源消费总量比重逐步提升，与2015年相比，碳强度累计下降近18%。"一增"，即构建以新能源为主的能源系统。比如风能，重庆风能总储量较丰富，尤其是巫山、秀山、黔江等区县风能储备充足，发展潜力巨大。目前，重庆的风电产业链年产值达500亿元。另外，2021年4月，重庆首批三座加氢站同步开工建设，2022年，重庆建成5座加氢站。产业结构调整成效显著。数据显示，2020年，重庆万元GDP能耗较2015年下降15%以上，保持逐年下降3个百分点的良好态势。下一步，重庆将加快推动"川渝电网一体化"，增加500万～800万千瓦四川清洁电力送渝；规划西北第二回输电通道引入更多清洁电力；加大市内天然气、页岩气开发供应；推动"以气代煤""以电代煤"和"以电代油"等。

（4）深入开展生态保护修复。目前，重庆基本完成国家山水林田湖草工程试点和缙云山、水磨溪等自然保护区保护修复工作，全面完成长江干流及主要支流10公里范围内废弃露天矿山修复，启动"两岸青山·千里林带"工程，全面完成1700万亩国土绿化提升任务，森林覆盖率达到52.5%。广阳岛入选"两山"实践创新基地，"长江风景眼、重庆生态岛"雏形初现。全市建成绿色园区10个、绿色工厂115个、绿色矿山170个，发行绿色债券264.5亿元①。

2. 政策措施

重庆将出台一个碳达峰碳中和指导意见和一个"十四五"应对气候变化专项规划，制定2030年前碳达峰和"十四五"推进碳达峰两个阶段性方案，以及能源、工业、交通、城乡建设、大数据新基建、农业等六大领域重点专项方案。未来，还将依托高校和科研院所搭建国际低碳学院，培养"碳达峰、碳中和"复合型高端人才，打造碳汇产学研基地，发展先进碳汇技术，形成示范引领。并支持专业机构发起成立联合应对气候变化中心，设立专家库，强化智力支持。

除了相关部门的行动措施，全社会公众的衣食住行各方面对于低碳减排也起着重要作用。因此，环保相关部门还将提高公众生态文明社会责任意识。推动生活方式绿色化理念深入人心，使公众充分认识生活方式绿色化的重要性，加强日常生活自律，并互相激励带动，使绿色生活、勤俭节约成为全社会的自觉习惯。发展智能制造，也成为重庆实现节能减排，达成碳中和目标的关键路径，通过智能技术赋能制造业，实现降本增效，达成城市经

---

① 资料来源："碳"风口来临，重庆将打造成什么城重庆累计节能改造公共建筑1295万平方米［EB/OL］．https：//baijiahao.baidu.com/s?id=1668346014809980734&wfr=spider&for=pc．

济和生态保护的双重发展。

二、重庆实现碳达峰碳中和的挑战

1. 重庆碳达峰碳中和的时间紧

从碳达峰时间看，20 世纪 90 年代之前欧盟主要国家提出 2050 年实现碳中和，从实现达峰到碳中和有 60 年以上时间；我国因起步较晚，要实现碳达峰（2030）到碳中和（2060 年）的目标，时间只有欧盟主要国家的一半不到，这意味着我国需要更短的时间，将占比达 84% 的化石能源变成近零碳排放能源体系，时间紧、任务重。对于重庆市而言，则需要为中国 2030 年前实现碳达峰、2060 年前实现碳中和，做出更大的努力，这是一大挑战。

2. 重庆 GDP 增速依托高耗能、高排放行业

在经济社会发展的同时，如何转变能源结构、产业结构、经济结构，实现碳达峰、碳中和，这是第一大挑战。重庆 GDP 高的行业大多属于高耗能行业，迫切需要转型升级，否则无法适应未来碳市场的规则，它们的压力更大，也是早日实现碳达峰的重点难点之一。要降低高能耗产业占比，大力降低高排放的煤炭开采和洗涤业、化学医药工业的比重，大力发展以新一代信息产业为中心，高端装备制造、新能源汽车、节能环保、新材料、生物、新能源等为主导的战略性新兴产业。

3. 重庆的传统能源结构调整任重道远

重庆市能源结构偏煤，减碳压力巨大。重庆能源消费总量中

92.2%为化石能源，能源消费品种主要是煤炭，2019年煤炭占总能耗的63%，煤炭占化石能源消耗量的68%。见图3-21、图3-22，清洁能源供给占比较小，全市水、风、光等可供开发利用的可再生能源也非常有限。加快能源低碳转型，重塑能源消费和利用方式迫使诸多环节面临技术挑战，如消费、供给、输送、存储、市场机制等。例如，在供给环节，面临持续提升新能源发电效率的挑战；在输送环节，面临综合优化电力、热力和燃气输送网络的挑战；在存储环节，面临开发高能量密度、高安全性的新一代电池和新型储能技术的挑战；在消费环节，面临展开氢能和电气化交通、碳捕捉和回收利用、绿色低碳建筑等相关技术的挑战。

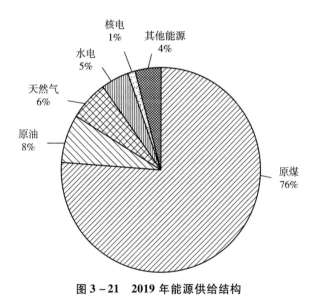

图3-21　2019年能源供给结构

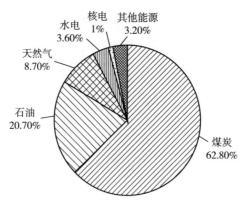

图 3 - 22   2019 年能源消费占比

4. 重庆传统产业低碳转型升级迫在眉睫

电力热力生产和供应业、煤炭开采和洗选业、非金属矿物制品业、化学原料及化学制品制造业、黑色金属冶炼及压延加工业是重庆市碳排放量最大的五个行业，2019 年占工业总排放的 84.86%，为实现碳达峰、碳中和目标，传统产业须加快结构转型升级，严格控制增量与调整优化存量相结合，尤其须严格控制高耗能行业新增产能。因此，重庆市相关企业面临大幅降低落后产能规模、制造成本上升、开发应用新技术等诸多挑战。例如煤炭产业，最直接的挑战是面临替代能源竞争，倒闭企业开展绿色开发和产品转型问题。对于化学原料及化学制品制造业，化学行业作为耗能大户应当肩负碳减排压力，面临着从能源资源生产到化石产品制造等各个环节实现低碳化的任务。

5. 重庆粗放型产业发展模式难以为继

碳达峰、碳中和战略意义不仅是实现碳减排，还将带动工业经济发展方式发生根本性变革。重庆市工业面临粗放型向集约型转变、由高碳经济型向低碳经济型转变、由不持续性增长向可持续性增长转变；发展手段方面，由制造要素扩张转向科技创新提高效率和效益。这意味着重庆市工业高投入、高消耗、高排放的发展时代一去不复返，迎来的是极致精细化管理、高效节能技术创新、低碳技术创新、专业化服务转型等诸多挑战。

6. 重庆用能需求旺盛，减排任务重

重庆尚处于工业化阶段，新增项目用能需求旺盛，需要探索一条在经济稳定增长的情况下，既能保障能源安全可靠供应，又能实现碳减排的道路。分析重庆与全国工业总排放量对比情况，2015～2019 年重庆市工业总排放在全国层面占比在 2.13% ～ 4.5% 之间，见图 3–23 和表 3–3。分析典型行业，如煤炭开采与洗选行业，重庆排放在全国占比 2015 年达到 52.3% ，2019 年占比达到 27.3% ，减排压力颇大，见图 3–24[①]。

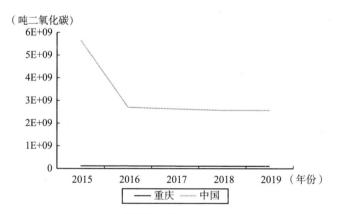

图 3 – 23　重庆工业碳排放及其全国占比（2015 ～ 2019 年）

---

① 资料来源：1997～2019 年中国 290 个城市的排放清单［EB/OL］. https：//www. ceads. net/user/index. php?id = 1280&lang = en.

表 3 – 3　　　　　　　　重庆工业碳排放及其全国占比

年份	重庆（吨二氧化碳当量）	中国（吨二氧化碳当量）	重庆占比（%）
2015	117860872.5	5539746573	2.13
2016	112587857.7	2588973997	4.35
2017	108818106.4	2525160062	4.31
2018	107609989.5	2463028664	4.37
2019	111133296.7	2469082966	4.50

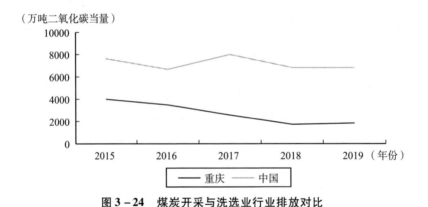

图 3 – 24　煤炭开采与洗选业行业排放对比

　　目前我们初步认为重庆二氧化碳排放能在 2028 年左右达峰。图 3 – 25 所示的是 1997～2019 年终端排放总量，1997～2019 年整体上碳排放处于先上升后下降的趋势，2015～2019 年碳排放处于下降趋势，2019 年碳排放仍达到 9736 万吨二氧化碳当量。

（万吨二氧化碳当量）

图 3 − 25   1997～2019 年终端排放总量

2020 年国家给重庆的指标为 810 万吨标煤，继承之前的研究结果，初步认可重庆二氧化碳排放能在 2028 年左右达峰，达峰值为 24600 万吨二氧化碳当量，到 2060 年达到碳中和。如图 3 − 26 所示，从达峰年到中和，每年至少达到 768.75 万吨二氧化碳当量的减排量①。

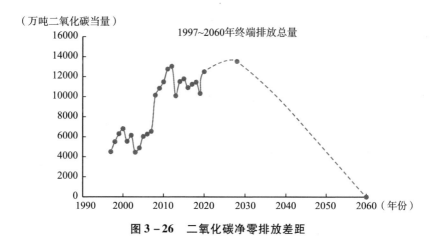

（万吨二氧化碳当量）

1997~2060年终端排放总量

图 3 − 26   二氧化碳净零排放差距

————————

① 资料来源：1997～2019 年中国 290 个城市的排放清单 ［EB/OL］. https：//www. ceads. net/user/index. php?id = 1280&lang = en.

7. 基础保障偏弱

从气候变化和温室气体控制的社会层面看，我国在百姓意愿、企业认同、技术储备、市场机制、法律法规等方面与发达国家相比明显滞后。例如，自《京都议定书》生效后，世界主要国家及地区纷纷建立区域内的碳交易体系，以实现碳减排承诺的目标；2005～2015 年，已建成遍布四大洲的 17 个碳交易体系，而 2021 年 7 月我国全国碳排放权交易才正式上线。相比于欧洲、美洲和英国等碳交易市场发达的国家，我国碳交易市场处于发展初期，行业发展存在较大的不确定性，面临较大的挑战。此外就省域层面而言，重庆目前减污降碳产业和技术储备不足，专业人才欠缺，全社会对碳达峰、碳中和的认识还有待提高。

三、重庆实现碳达峰碳中和的机遇

重庆近年来高度重视加强生态环境保护和建设，奠定了实现碳达峰、碳中和的良好基础。重庆需要走好生态优先、绿色低碳的高质量发展道路，处理好发展和减排、整体和局部、短期和中长期的关系，变压力为动力，变挑战为机遇，推动减污降碳协同增效，促进经济社会发展全面绿色转型。

（1）通过碳达峰碳中和目标实现，深化供给侧结构性改革，推动产业重组整合和优化转型，发展绿色低碳经济，增加绿色投资需求，把生态优势转化为发展优势，将"绿水青山"转变为"金山银山"。碳达峰碳中和的目标，为传统产业催生了一系列新的发展机遇。例如钢铁行业中，废钢产业发展将迎来政策加码，行业快速发展。煤炭行业中，碳回收利用不仅是碳减排的关键技术之一，而且实现了二氧化碳资源化，碳达峰碳中和战略将为碳回收、碳捕集产业化发展提供了商业机遇。建材行业中，预制钢筋混凝土结构、预制轻量钢结构、预制集装箱房屋等装配式建筑节能减排效益明显，预计行业将迎来更好的市场机遇。

（2）通过碳达峰碳中和目标实现，为能源经济转型提供新动能的机遇。重庆新一代信息技术、高端装备、人工智能、新材料、新能源汽车等战略新兴产业从 21 世纪 10 年代起快速发展，2018 年，战略新兴产业实现增加值 1261.38 亿元，比上年增长 13.1%，是 2011 年的 3.8 倍，其增加值占全市工业的比重由 2017 年同期的 17.3% 提高到 22.9%，对全市工业增长的贡献达 495.2%。分产业集群看，新一代信息技术、生物和新材料产业分别增长 22.2%、10.0% 和 6.5%[①]。这说明重庆市在新技术、新材料、新工艺、新产品的研发和推广应用方面，成绩和进步是比较显著的。如果实施绿色化低碳化变革和数字化智能化创新"双轮驱动"，将催生新技术新产业新业态新模式，加快新能源、绿色制造、绿色建筑、绿色金融发展，构建绿色低碳的产业链供应链价值链，形成参与未来竞争新的动力源。汽车产业是重庆的支柱产业，除了整车业务外，重庆汽车零部件产业也得到了飞速发展，重庆汽车零部件本土化配套率已超过 80%，拥有 400 多家一线汽车零配件企业、1500 多家二三线配套企业，形成了真正的

---

① 资料来源：2018 年重庆市国民经济和社会发展统计公报 ［EB/OL］. (2019 – 03 – 19). https：//www.cq.gov.cn/zjcq/sjfb_120853/tjgb/201903/t20190319_8650130.html.

汽车产业链。在"碳达峰碳中和"的大背景下，新能源汽车也将是长期持续成长的行业。在"双碳"背景下，重庆储能产业也将拥有广阔前景。储能技术可有效解决新能源发电的随机性、波动性，有效调节电网电压、频率及相位的变化，是光伏、风电等发电安全并入常规电网的便利途径，新能源迅猛扩张将推动储能产业加速发展。如果重庆在技术创新和商业模式创新上下功夫，并从政策层面加以引导，解决好"谁投资、谁建设、谁管理、谁收益"的问题，储能产业也会带来新的发展机遇。

（3）通过碳达峰碳中和目标实现，为合作创造新契机的机遇。推动成渝地区双城经济圈协同绿色低碳发展，推动长江经济带生态优先、绿色发展，推动参与绿色"一带一路"发展和绿色西部陆海新通道建设，引导投资贸易和交流合作进入绿色低碳领域。为生活带来新变化的机遇，在零碳转型过程中节约能源资源，改善城乡人居环境，带来城市低碳新生活，带动乡村振兴和农民富裕，让人民群众过上更有品质的幸福生活。

第四节　本章小结

本章在梳理了重庆市碳排放现状的基础上，总结了重庆作为典型工业城市碳排放特征的代表性及特殊性，进一步透视了其面对碳达峰碳中和目标下的挑战和机遇。通过本章研究，对重庆碳达峰碳中和的基础情况有了全面认知。分析重庆在现有排放总量与结构情况下，选择最优的低碳发展模式，实现达峰与中和目标，这将是接下来研究的重点。

　　为此，在后续研究中，将如下几个具有重庆特质的因素纳入碳达峰碳中和及低碳发展路径研究，方能以贴近重庆实际的路径，达到在完成减排目标的同时，以效益最佳的方式助力重庆低碳发展。一要考虑重庆清洁能源短期内难以大规模部署，需要更多考虑运用煤电清洁化技术来降低能源碳排放；二要考虑重庆曾是老工业基地，产业偏重，未来在推进产业结构调整时不仅要加大现代服务业的占比，而且要合理保持第二产业的占比，在此过程中，既要加快第二产业中战略性新兴产业对传统工业的替代，又要注重战略性新兴产业对传统工业改造提升的介入和引导；三要在推进城市交通及建筑等硬件设施的低碳化过程中，在山地城市独特的地形地貌条件下，将产业结构、产业分工、产业空间布局与货物运输量周转量关系分析，公共交通对私人交通的替代，私人交通与人口总量、结构、空间分布、因快速城镇化所致的公共建筑量增加、住宅总量增加、低碳建筑占比的提高等因素一并纳入分析框架。

第四章

碳达峰与碳中和背景下重庆低碳发展的模式与路径

第一节 模型方法与资料来源

本研究综合运用自上而下 Kaya 分解，自下而上的 IPAC 模型、LEAP 模型和 EPS 模型构建了 IPAC – LEAP – EPS 城市模型进行情景定量分析，如图 4 – 1 所示。

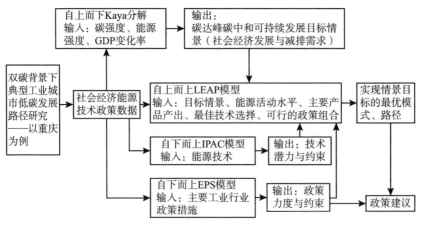

图 4 – 1 **IPAC – LEAP – EPS 城市模型框架**

一、IPAC 模型

IPAC 模型是能源研究所自 1993 年以来开发的能源和环境政策评估模型组，其中包括十几个模型，基本包括了所有的模型分析方法（李继尊，姜克隽，2007），2019 年已经成为国际国内最为全面和复杂的模型之一，在我国"九五"到"十三五"期间广泛应用于国家规划、能源局规划、气候变化规划、省级能源规划、大型企业能源规划等研究工作。IPAC – AIM/技术模型的目的是对能源服务及其设备的现状和未来发展进行详细描述，对能源消费过程进行模拟。它主要计算未来各种情景下各终端能源部门的分品种能源需求量，并进而计算出二氧化碳的排放量。它的一个重要作用是评价不同的技术对策的引进对温室气体减排的影响。IPAC – AIM/技术模型采用最小成本法进行分析，即一种提供能源服务的技术为成本最小的条例技术组合（胡秀莲，姜克隽，1998）。模型采用了线性规划方法，从工艺系统而不是单个技术的观点进行分析，使模型能够分析一些复杂能源使用过程。本研究将利用 IPAC – AIM/技术模型扩展和构建 IPAC 重庆模型，通过自底向上的基于技术进步的分析，根据未来技术的成本和排放量，以形成不同的投资和技术组合，得到相应的能源情景。

二、LEAP 模型

LEAP 模型是一个基于情景分析的自底向上的能源环境核算

模型（高俊莲，姜克隽，2017）。该模型拥有灵活的结构，使用者可以根据研究对象特点、数据的可得性、分析的目的和类型等来构造模型结构和数据结构，可以用来分析不同情景下的能源消耗和温室气体排放问题，这些情景基于能源如何消耗、转换和生产的复杂计算，综合考虑关于人口、经济发展、技术、价格等一系列假设。该模型主要用于城市在不同驱动因素的影响下，全社会中长期的能源供应与需求，并计算能源在流通和消费过程中的大气污染物以及温室气体排放量（吴唯，张庭婷，2019）。本书根据 LEAP 模型的结构与特点以及数据的可获得性，建立了 IPAC – LEAP 重庆城市模型，用以预测重庆长期能源消费量。

重庆市能源消费总量覆盖整个终端能源消费量及能源加工转化量。终端耗能部门分为农业、服务业、交通和工业四个部门：农业主要是其生产过程中的耗能情况；服务业包括公共建筑用能和居民生活用能，居民生活用能分为城镇居民用能和农村居民用能；交通分为客运和货运两大分支；工业包括汽车、非金属制品、化工、黑色金属、有色金属、新基建等部门。能源加工转换部门分为火力发电、供热、煤炭洗选、炼焦、炼油及煤制油、制气、煤制品加工等子部门。因此，依据重庆自身能源生产特点，本研究在 IPAC – LEAP 重庆城市模型上设置两个模块计算重庆能源需求量，即终端能源需求模块和加工转换模块。在所建立的 IPAC – LEAP 重庆城市模型中，我们以 2015 年为基准年，并用 2020 年数据进行校核，预测期为 2020 ~ 2060 年。附表 B 给出了 IPAC – LEAP 重庆城市模型中终端能耗部门的框架和技术参数。附表 C 给出了 IPAC – LEAP 重庆城市模型能源供应部门的框架和技术参数。

三、EPS 模型

EPS 模型主要基于"系统动力学"理论框架开发运行。该方法将能源消耗和经济发展的过程视作一个开放的、不断波动的非平衡系统，可以较好地剖析系统内部结构、各要素之间的相互关系，如投入产出关系、互为因果关系等。系统动力学模型中包含许多长时间序列数据变量，这些变量不仅受到外部环境的影响，也会受其自身的流进和流出影响。EPS 模型主要涵盖五大领域，分别是工业（包括制造业、建筑业、农业、废弃物处理）、建筑、交通、能源加工转换（电力、供热和制氢）和土地利用。每个领域都会按照内部结构细分子项，例如，工业按照化工、水泥、钢铁、建筑等子行业进行划分，建筑按照建筑类型（城镇住宅、农村住宅、商业建筑）和建筑构件用途（采暖、制冷、照明、热水及炊事、家电等）划分，交通按照交通工具类别（包括轻型车辆、重型车辆、飞机、火车、轮船和摩托车等）、运载类型（客运或货运）和燃料类型（汽油、柴油、生物燃料、天然气、电力等）划分。同时，模型具有评估政策成本和效益功能的模块，如污染物排放和现金流测算，以及能够影响各大领域排放的关键性技术和政策模块，如，研发碳捕集与封存（Carbon Capture and Sequestration，CCS）技术。EPS 模型的核心作用是评估不同能源政策对本地的能源消耗、温室气体排放所产生的影响，为政策制定提供数据支撑。该模型主要利用情景分析方法，在基准情景的发展路径上加入不同政策，形成不同的情景路径，从而观察各变量的变化情况，评估政策实施的效果。例如，通过设置不同政策情景下新能源汽车推广使用情况，识别重庆市温室气体排放情况、能源系统中电力及清洁能源应用情况，以及相应的经济效益情况等所产生的变化。因此，该模型可以协助政策制定者评估与气候相关的各项政策对重庆的工业、建筑、交通等各个领域所产生的潜在影响；同时允许决策者通过调整不同的政策组合、政策实施力度和执行时间等，制定出符合重庆市发展目标、效益最佳、成本最优的政策方案。

IPAC - LEAP 与 EPS 通过软连接方式，构成 IPAC - LEAP - EPS 城市模型。本研究运用 IPAC - LEAP - EPS 城市模型，以 2015 年为基准年，模拟测算 2020～2060 年期间各个年度的、不同情景下的环境、经济与社会产出等数据。这些数据主要包括二氧化碳、各行业的能源消耗、不同类型发电厂的装机容量和发电量、现金流（各项成本流，以及政府、企业和消费者节省的资金量等）以及由于减少排放所避免的健康损害等。

重庆各种数据的收集思路主要如下：

（1）首先根据重庆本地公开的统计数据、政策、规划等相关资料，以及通过调研本地相关政府部门、企事业单位，获得变量所需输入数据。

（2）部分变量需体现行业特性，因此可参考中国或者全球的行业数据，如 CCS 行业技术和成本水平、民航和水运行业的能效水平、各类发电机组的退役年限等。

（3）有些变量如果没有本地数据，则参考国家的平均水平，按照与变量相关的比例系数折算成重庆本地的数据；优先收集中国的数据，如果中国数据依然缺失，则参考国际的数据。

（4）如果各类渠道均无法获得理想的数据，则采用专家判断等。

第二节　双碳背景下重庆低碳发展目标情景

一、双碳背景下重庆低碳发展目标情景描述

本研究根据《中共中央　国务院关于完整准确全面贯彻新发展理念做好碳达峰碳中和工作的意见》的整体部署，重庆"十四五"规划及目标任务，结合课题研究（Kaya 模型分解），对重庆未来发展态势进行总体研判，设置了 1 个总体目标情景，即可持续碳达峰碳中和情景；设置了两个阶段任务，即 2030 年前实现碳达峰，2060 年前实现碳中和。

第一阶段可持续碳达峰时期。在此阶段，促进经济社会高质量发展，实现 2030 年前碳排放达峰承诺，为 2060 年前实现碳中和奠定技术和产业基础，并提供政策保障和良好的市场环境。重庆按照《中共中央　国务院关于完整准确全面贯彻新发展理念做好碳达峰碳中和工作的意见》的整体部署，接受国家统一制定的能源转型、限制"两高"项目及节能减排措施，并根据重庆"十四五"规划，兼顾经济增长和碳排放约束，对城市化进程进

行一定的控制，对能源结构按计划进行调整，降低能源消耗碳排放强度，积极融入碳交易市场等，实现经济高质量发展的同时达到环境保护的目标。到 2025 年，绿色低碳循环发展的经济体系初步形成，重点行业能源利用效率大幅提升；单位国内生产总值能耗比 2020 年下降 13.5%；单位国内生产总值二氧化碳排放比 2020 年下降 18%；非化石能源消费比重达到 23% 左右；森林覆盖率达到 57.3%。到 2030 年，经济社会发展全面绿色转型取得显著成效，重点耗能行业能源利用效率达到国际先进水平；单位国内生产总值能耗大幅下降；单位国内生产总值二氧化碳排放比 2005 年下降 65% 以上；非化石能源消费比重达到 25% 左右；二氧化碳排放量达到峰值并实现稳中有降，为实现 2030 年前全国碳排放达峰并尽早达峰贡献重庆力量。在此情景下，根据前期重庆市已经采纳的项目成果《重庆市碳排放峰值预测与达峰路径》研究，重庆市温室气体排放在 2028 年达峰，2019～2028 年间年均增长 1.6%；2050 年的排放水平较峰值相比减排 61.7%，占 1.5℃～2℃温控目标下中国 2050 年排放的 4.3% 左右。

第二阶段可持续碳中和时期。在积极碳达峰的基础上，按照《中共中央　国务院关于完整准确全面贯彻新发展理念做好碳达峰碳中和工作的意见》的整体部署统筹安排，采用稳步的能源、经济、市场等综合政策措施，响应"努力争取 2060 年前实现碳中和"的目标。2030～2050 年期间在建成社会主义现代化强国的同时，对标欧盟长期温室气体低排放发展战略目标及举措，利用电力供应零碳化、产业电力化、交通和建筑电力化，以及本地能源供应零碳化来实现，也可以考虑采用 CCUS 和 BECCUS 技术,体现重庆市"重要窗口"的应对气候变化工作担当,以期为研究制定长期低排放战略服务。在可持续碳中和情景下,到 2050 年能源领域基本实现净零排放,主要排放源为废弃物处理、农业活动、工业生产过程等;到 2060 年,绿色低碳循环发展的经济体系和清洁低碳安全高效的能源体系全面建立,能源利用效率达到国际先进水平,非化石能源消费比重达到 80% 以上,不断提升低碳发展的国际影响力、竞争力和领导力,碳中和目标顺利实现,生态文明建设取得丰硕成果,在实现中华民族伟大复兴同时,开创人与自然和谐共生新境界,为地球生态安全和全人类共同利益作出中国的担当和贡献(见表 4 - 1)。

表 4 - 1　　　　　　　　重庆可持续碳达峰碳中和目标情景

情景类型	可持续碳达峰碳中和情景
发展模式	按照国家的整体部署,接受国家的统一制定的《中共中央　国务院关于完整准确全面贯彻新发展理念做好碳达峰碳中和工作的意见》的整体部署统筹安排,并根据重庆"十四五"规划,对城市化进程进行一定的控制,对能源结构按计划进行调整,降低能源消耗碳排放强度,积极融入碳交易市场等,同时兼顾经济增长和碳排放约束,实现经济高质量发展的同时达到环境保护的目标。到 2025 年绿色低碳循环发展的经济体系初步形成,2030 年经济社会发展全面绿色转型取得显著成效,为实现 2030 年前全国碳排放达峰并尽早达峰贡献重庆力量。到 2060 年,绿色低碳循环发展的经济体系和清洁低碳安全高效的能源体系全面建立,碳中和目标顺利实现,生态文明建设取得丰硕成果,开创人与自然和谐共生新境界
达峰时间及峰值水平	2025 年单位国内生产总值二氧化碳排放比 2020 年下降 18%;2028 年达峰,碳排放峰值水平为 24562 万吨;2030 年,单位国内生产总值二氧化碳排放比 2005 年下降 65% 以上,二氧化碳排放量实现稳中有降
碳中和时间及排放水平	致力于 2050 年实现碳的净零排放,2060 年前温室气体排放总体近零。对标欧盟长期温室气体低排放发展战略目标及举措,利用电力供应零碳化、产业电力化、交通和建筑电力化,以及本地能源供应零碳化来实现,也可以考虑采用 CCU 和 CCS 技术

续表

情景类型	可持续碳达峰碳中和情景
能源消费强度	2025年单位国内生产总值能耗比2020年下降13.5%；到2030年，单位国内生产总值能耗大幅下降；地方经济发展也带来技术创新和改革的加快，能源利用效率较快提高，重点耗能行业能源利用效率达到国际先进水平，能源消费强度稳速下降，达到0.3吨标煤/万元。2060年，地方经济发展也带来技术创新和改革的加快，能源利用效率达到国际先进水平，非化石能源消费比例达到80%以上，能源消费强度稳速下降，能源需求增长与经济发展脱钩
非化石能源比例	2025年非化石能源消费比重达到23%左右，大宗工业固体废物资源化利用率达到70%，2030年非化石能源消费比重达到25%左右。2060年非化石能源消费比重达到80%以上

从目前我国碳排放发展情况来看，我国"碳达峰碳中和"基本确定三步走策略，首先在2030年前完成碳达峰；其次在2040年前快速降低碳排放；最后在2060年前实现深度脱碳，实现碳中和。因此，我们在两阶段目标情景下，采取三步走策略，如图4-2所示。

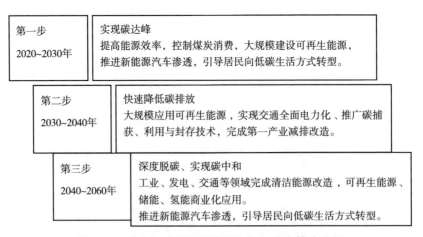

图4-2 重庆市"碳达峰碳中和"三步走策略分析

二、长时间尺度下重庆社会经济发展态势分析及情景假设

根据我国"二氧化碳排放力争 2030 年前达到峰值，力争 2060 年前实现碳中和"的总体目标，重庆未来碳达峰碳中和涉及的时间尺度在 40 年左右，这样长的时间尺度下做社会经济发展预测，尤其是较强政策干预下的预测，传统的计量方法是不适用的，但可以从重庆对标的区域，如德国等工业发达国家获得长时间尺度下的社会经济发展的态势研判。基于此，课题组对重庆较长一段时间的发展态势有如下预判：

1. 作为典型工业城市的重庆在未来经济将保持较快增速且工业依然重要

一个国家和地区经济不断从低收入向高收入迈进，伴随的是工业化不断演化的过程。国际上通常认为，一个国家或地区的工业化率达到 20% ~ 40%，为工业化初期阶段；工业化率达到 40% ~ 50%，为工业化中期阶段；工业化率达到 50% 以上，为工业化后期阶段；当工业化率由最高峰逐步回落时，为向后工业化社会过渡时期。目前，我国总体上已经在 2008 年度过了工业化率峰值（略高于世界平均水平），进入了工业化向后工业化的过渡时期。重庆的城市化率、三次产业占比、人均 GDP 与全国水平相似，也处于工业化向后工业化的过渡时期。

作为典型的工业城市，重庆未来社会经济发展具有两个重要特征：一是增速仍有较高预期。未来，重庆将以建成高质量发展

高品质生活新范例为统领，在全面建成小康社会基础上实现新的更大发展，努力在推进新时代西部大开发中发挥支撑作用，在共建"一带一路"中发挥带动作用，在推进长江经济带绿色发展中发挥示范作用。成渝地区双城经济圈经济实力、发展活力、国际影响力大幅提升，支撑全国高质量发展的作用显著增强。二是工业仍然占有较重要地位。重庆作为长江上游地区重要的制造业中心和五大老工业基地，在工业化向后工业化过渡期，工业将进入转型升级阶段，将由简单的产品生产型企业逐步向生产服务融合型企业转型，生产性服务业将越来越成为经济的支柱产业和参与区域竞争的主导产业。截至 2019 年，七大工业国中，制造业比重处于第一梯队的是日本和德国，制造业增加值在 GDP 的占比分别为 20.75% 和 19.11%；处于第二梯队的是意大利和美国，分别为 14.87% 和 11.26%。从世界平均数据来看，各国 GDP 中制造业增加值所占比重为 15.39%[①]。重庆作为典型工业城市，在长时间尺度的未来，工业将仍然占有较重要地位。

2. 作为典型工业城市的重庆面临着转型升级

在渡过工业化率峰值之后，工业城市的社会经济进入新常态：增长速度从高速转向中高速，发展方式从规模速度型粗放增长转向质量效率型集约增长，结构从增量扩能为主转向调整存量、做优增量并存的深度调整。因此，未来重庆新经济即将迎来快速发展的浪潮，特别是新一代信息技术、生物技术、新材料科

---

① 资料来源：七大工业国制造业比重到底有多少？说出来你或许不信 [EB/OL]. (2021 – 04 – 10). https://baijiahao.baidu.com/s? id = 1696618074417231354&wfr = spider&for = pc.

术、新能源技术广泛渗透，带动几乎所有领域发生以绿色、智能、泛在为特征的群体性技术革命。新技术和大批新市场的出现，催生了新的商业模式并促进了现在有关经营模式的改变。新商业模式的大规模出现又会引发和形成新的业态和形成新的产业。一些新经济行业的快速增长产生了良好示范效应，有利于吸引社会资源向新经济聚集。进入经济新常态之后，经济发展呈现截然不同的两种状态，一方面传统产业纷纷陷入低迷发展状态，另一方面一些新经济行业比如网上购物、物流快递等出现爆炸式增长。这种鲜明的对比必然吸引越来越多的社会资源从传统经济转向新经济。作为典型工业城市，重庆也将从以下几个方面转型：

一是将制造业高质量发展放到更加突出位置，培育具有国际竞争力的先进制造业集群，巩固壮大实体经济根基。加快壮大战略性新兴产业，支持新一代信息技术、高端装备、新材料、生物医药、新能源汽车及智能网联汽车、节能环保等产业集群集聚发展，构建一批各具特色、优势互补、结构合理的战略性新兴产业增长引擎。推动传统产业高端化、智能化、绿色化，升级发展电子、汽车摩托车、装备制造、消费品、材料等支柱产业，发展服务型制造。提升产业链供应链现代化水平，深入开展质量提升行动，实施产业基础再造工程，分行业做好供应链战略设计和精准施策，形成具有更强创新力、更高附加值、更安全可靠的产业链供应链。在现代服务业建设上，重庆将推动生产性服务业向专业化和价值链高端延伸，推动各类市场主体参与服务供给，加快发展研发设计、现代物流、现代会展、法律服务等服务业，建设国家检验检测高技术服务业集聚区。推动现代服务业同先进制造业、现代农业深度融合，加快推进服务业数字化。推动生活性服务业向高品质和多样化升级，加快发展健康、养老、育幼、文化、旅游、体育、家政、物业等服务业，加强公益性、基础性服务业供给。加快西部金融中心建设步伐，提升金融机构、市场、产品、创新、开放、生态等金融要素集聚和辐射能级，探索区域性股权市场制度和业务创新，提升金融服务实体经济能力。推进服务业标准化、品牌化建设。

二是统筹推进基础设施，将构建系统完备、高效实用、智能绿色、安全可靠的现代化基础设施体系。加快推进西部国际综合交通枢纽建设，深入开展交通强国建设试点，高标准建设铁路运输干线网络，基本形成"米"字形高铁网，强化长江上游航运中心干支融合、多式联运功能，提升国际航空枢纽功能，完善高速公路网络，加快城市轨道交通规划建设，推动中心城区间畅联畅通，构建主城都市区"1 小时通勤圈"，提高"一区两群"内畅外联水平，构建现代化综合交通体系和智能交通体系。强化水利基础设施建设，加强饮用水水源地和备用水源建设，提升水资源优化配置和水旱灾害防御能力。完善能源保障体系，建设智慧能源系统。建设适应经济社会发展的信息网络基础设施，系统布局建设新型基础设施，大力发展 5G、工业互联网、物联网、大数据中心等，有序推进数字设施化、设施数字化。

三是将数字经济和实体经济深度融合，推进数字产业化和产业数字化。优化完善"芯屏器核网"全产业链、"云联数算用"全要素群、"住业游乐购"全场景集，高水平打造"智造重镇"、建设"智慧名城"。深入实施智能制造，培育打造一批具有国际先进水平的智能工厂、数字化车间和工业互联网平台。大力发展人工智能、云计算、区块链、数字内容、超算等大数据产业，积极发展软件和信息服务业，加快发展线上业态、线上服务、线上管理，积极培育智能化新产品、新模式、新职业。加强数字社会、数字政府建设，开发培育智能化应用场景，挖掘数据资源的商用、民用、政用价值，拓展智慧政务、智慧交通、智慧医疗、智慧教育、智慧旅游和智慧社区等智能化应用。深化数字领域开放合作。健全数字技术、信息安全等基础制度和标准规范，全面提升数字安全水平，加强个人信息保护。提升全民数字技能。

3. 社会经济情景假设

根据《重庆市国民经济和社会发展第十四个五年规划和二〇三五年远景目标纲要》《重庆市人民政府关于加快建立健全绿色低碳循环经济体系的实施意见》的描述，重庆未来经济社会发展情景如表4-2所示，参数设置如表4-3所示。

表4-2　　　　　　可持续碳达峰碳中和社会经济情景

情景类型	可持续碳达峰碳中和社会经济情景
GDP	2020～2025年期间，重庆地区生产总值年均增长6%左右；2035年，经济总量较2020年翻一番以上；2060年碳中和目标顺利实现
居民人均可支配收入	2025年，居民人均可支配收入年均增长6.5%；2035年，居民人均可支配收入较2020年翻一番以上
常住人口	2025年人均预期寿命达到79.3岁、每千人口拥有3岁以下婴幼儿托位数达到4个等，常住人口中速增长，预计达到3200万人；2050年时预计达到3600万人
常住人口城镇化率	2025年常住人口城镇化率达到73%；2030年常住人口城镇化率达到76%；2050年达到91%
人均GDP	经济较快增长，到2025年时人均GDP预计达到10万元；2035年，人均地区生产总值超过2万美元，到2050年时人均GDP预计达到19.1万元

表 4 – 3　　　　　　　　　重庆经济社会发展情景参数设置

参数	2019 年	2020 年	2025 年	2030 年	2040 年	2050 年	2060 年
国内生产总值能耗（吨标准煤/万元）	0.41	0.39	0.34	0.30	0.28	0.24	0.20
国内生产总值二氧化碳（吨/万元）	0.72	0.69	0.56	0.53	0.20	0.08	0.00
非化石能源消费比重（%）	0.12	0.15	0.23	0.25	0.50	0.80	0.80
森林覆盖率（%）	0.50	0.53	0.57	0.60	0.63	0.65	0.68
人均 GDP（万元）	7.56	7.97	9.00	10.00	13.00	19.10	24.80
人口（万人）	3124.32	3198	3200	3420	3500	3600	3680
城市化率（%）	66.80	68.00	73.00	76.00	83.00	91.00	92.00
时间	2019 年	2015 ~ 2020 年	2020 ~ 2025 年	2025 ~ 2030 年	2030 ~ 2040 年	2040 ~ 2050 年	2050 ~ 2060 年
GDP 增速（%）	8.50	8.30	6.00	5.30	4.20	3.00	2.00

模型以 2015 年为基准年，在重庆社会经济发展情景假设基础上，运行预测 2020 ~ 2060 年的温室气体排放、一次能源消费等结果。通过不同政策的叠加使用，采用路径分析法对重庆温室气体排放进行情景模拟。

三、实现目标情景的能源经济转型情景模拟

利用 IPAC – LEAP – EPS 城市模型，得到重庆实现可持续碳达峰碳中和的能源转型情景，如图 4 – 3 所示。未来重庆的一次能源需求总体格局是煤炭消费量逐渐下降，调入电力，以及本地可再生能源发电，天然气消费量将逐渐上升。2020 年重庆一次能源需求量为 6246 万吨标煤，其中煤炭占 40.6%，油品占 16%，天然

气 25.7%。到 2035 年一次能源需求量为 5301 万吨标煤（调入电力和可再生能源发电按照当量计算），煤炭占比 20.0%，油品占比 10%，天然气 30.01%，调入电力 22.8%，可再生能源 13.6%。到 2050 年一次能源需求量为 4990 万吨标煤，其中煤炭 8%，石油 2%，天然气 30%，调入电力占 25%，可再生能源 15%（见图 4-3）。

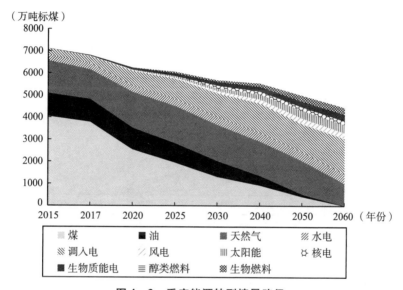

图 4-3　重庆能源转型情景路径

重庆终端能源需求量如图 4-4 所示。由于未来重庆高耗能产业处于不再增长状态，新增工业产业都为非高耗能行业，同时高耗能行业也在逐渐转向用电，以及再生铝、废钢等来生产铝和钢材，使得重庆终端能源需求基本处于一个持平状态。从图 4-4 可以看出，电力将是重庆终端能源需求的主要部分，终端部门电力化水平不断提高。2020 年终端能源需求量为 5210 万吨标煤，其中煤炭占 17.6%，油品 18.9%，天然气 27.1%，热力 3%，电力 30.4%，到 2030 年终端能源需求量为 4795 万吨标煤，其中煤炭占 3.1%，油品 14.9%，天然气 25.5%，热力 4.2%，电力 48.5%，2050 年终端能源需求量为 4244 万吨标煤，其中煤炭占 0.0%，油品 1.6%，天然气 19.3%，热力 3.5%，电力 66.7%。

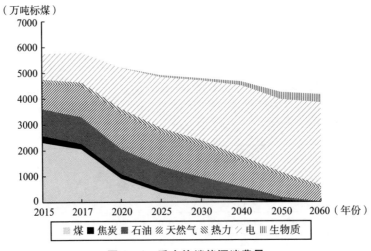

图 4 - 4　重庆终端能源消费量

从部门来看，工业仍然是终端能源需求的主要部门（见图 4 - 5）。2015 年工业占终端能源消费的 73%，2020 年工业占 67.4%，2030 年为 65.4%，2040 年为 66.1%；2050 年为 66.7%。工业部门终端能源消费量未来将以电力化为主（见图 4 - 6）。未来重庆将继续打造工业为主的城市，工业在目前原材料制造业基础上，更多发展的是先进制造业、数字化制造业，这些行业属于低能耗工业，并且以用电为主。因而未来工业用能没有明显增加，主要是用电替代了原有的化石能源。

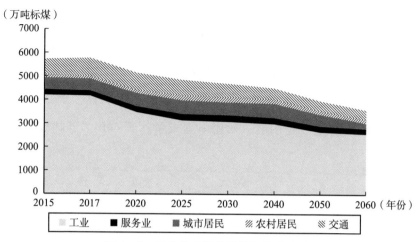

图 4 – 5 重庆分部门终端能源需求量表

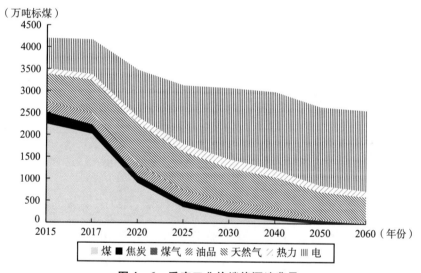

图 4 – 6 重庆工业终端能源消费量

注：煤气很少，几乎不可见，占比接近 0。

交通终端能源消费情况如图 4 – 7 所示。自 2017 年以后，重庆市交通部门终端能源需求量整体上呈现一个下降的趋势。油品是交通部门能源消耗的主要部分，2015 ~ 2020 年之间，交通部门对油品的需求量呈现一个先增长后下降的趋势。交通部门对油品能源消耗在 2017 年达到最高七百多万吨标煤，对电力的需求量较小。自 2017 年对油品的消耗量开始下降，相应的对电力的消耗开始增加。2025 年后机动车电力化趋势会很明显，到 2050 年机动车用能将主要是用电，对用电需求量达到 400 多万吨标煤。

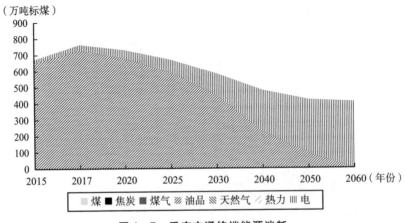

（万吨标煤）

图例：▨ 煤 ■ 焦炭 ▨ 煤气 ▨ 油品 ▧ 天然气 ╱ 热力 ‖ 电

图 4 - 7　重庆交通终端能源消耗

注：煤、焦炭、煤气、天然气、热力几乎没有，占比接近 0。

农业终端能源消费情况如图 4 - 8 所示。重庆市农业终端能源需求量整体上表现为下降的趋势，2017～2030 年呈现出轻微的增加趋势。重庆农业终端能源需求主要集中在电力和油品消耗，对油品的消耗占绝大部分，在 2015 年重庆农业终端能源消耗达到了十四多万吨标煤，而对电力消耗量大约在 3 万吨标煤左右。2015～2017 年之间，农业部门对电力需求量变化比较平稳，对油品的需求量急剧减少。2017～2030 年之间，重庆市农业部门对电力和油品的需求量变化不大，用油量略微增加后开始逐年下降。2030 年后农业用具、设施设备电力化趋势会很明显，到2050 年农业用具、设施设备用能将主要是用电。

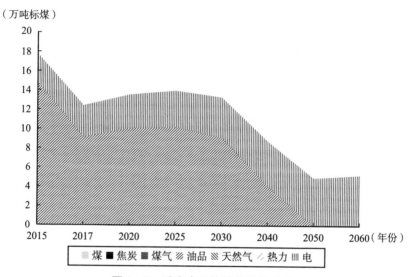

（万吨标煤）

图 4 - 8　重庆农业终端能源需求量

注：煤、焦炭、天然气、热力几乎没有，占比接近 0。

服务业终端能源消费情况如图 4 - 9 所示。重庆市服务业终端用能需求在 2017 ~ 2030 年后用能趋势上涨，到 2030 年后开始逐渐下降，2050 年服务业用能将主要是用电，整体上表现出先下降后上升再下降的趋势。服务业终端需求的能源种类主要集中在电力、天然气、油品和煤的消耗上，对热力、煤气和焦炭需求比较小，其中比较明显的是对电力的需求量逐年增加，而对天然气、油品和煤的需求量逐渐较少。在 2030 年之后，服务业用能需求主要集中在电力上，在 2030 年服务业用电比例在 2/3 左右。2025 年，重庆市服务业对煤的需求量将几乎为零，2050 年，重庆市服务业对于油品的需求量将微乎其微。

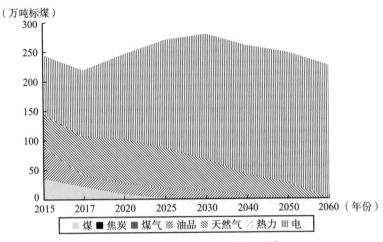

（万吨标煤）

图 4 - 9　重庆服务业终端能源消费

注：焦炭、煤气、热力几乎没有，占比接近 0。

重庆城市居民终端能源消费情况如图 4 - 10 所示。2020 ~ 2040 年后重庆城市的用能趋势还会上涨，到 2040 年后开始逐渐下降，2050 年服务业用能将主要是用电和天然气。

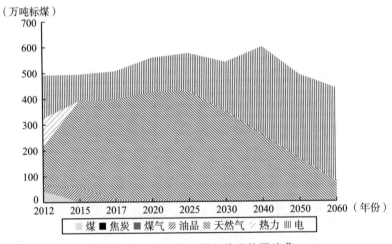

（万吨标煤）

图 4 - 10　重庆城市居民终端能源消费

注：焦炭、煤气几乎没有，占比接近 0。

重庆农村居民终端能源消费情况如图 4 – 11 所示。2012 ~ 2060 年，重庆市农村居民终端用能需求整体上表现出先增加后减少的趋势，2012 ~ 2040 年重庆农村的用能趋势上涨，到 2040 年后开始逐渐下降。2020 年之前农村居民终端能源种类较丰富，煤、油品、天然气、热力和电力都有所消耗，用能需求比例较大的是天然气和电力。自 2020 之后，重庆市农村居民终端能源需求种类主要集中在天然气和电力，还有少部分的油品消耗，需求量比较小。2025 年以后，服务业用能将主要是用电和天然气，服务业用电需求比例越来越高，对天然气的需求量相对减少。

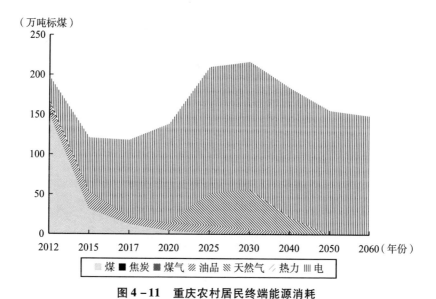

图 4 – 11　重庆农村居民终端能源消耗

注：焦炭、煤气、热力几乎没有，占比接近 0。

重庆发电结构变化如图 4 – 12 所示，2020 年之前，主要依靠水电和煤电。2020 年重庆市火力发电量为 535 亿千瓦时，占比为 69.05%；水力发电量为 222.9 亿千瓦时，占比为 28.77%；风力发电量为 13.1 亿千瓦时，占比为 1.69%；太阳能发电量为 3.74 亿千瓦时，占比为 0.48%。在 2020～2060 年期间，重庆的发电量将持续上升，且清洁能源发电比例增大。自 2020 年，生物质发电、太阳能发电、风电和核电的比例增大。

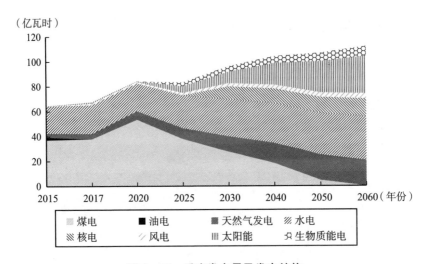

图 4 – 12　重庆发电量及发电结构

重庆如果能够根据上述情景，顺利实现能源经济转型，让化石能源明显下降，使能源活动中的二氧化碳排放明显下降。同时考虑具有较低成本的碳捕获技术，并且捕获的二氧化碳作为工业原料具有成本效益的情况下，到 2050 年，二氧化碳排放将减排 96%，2060 年前实现碳中和目标是可行的。

第三节 双碳背景下重庆低碳发展
主要影响因素和潜力

重庆要实现可持续碳达峰碳中和目标，重庆能源消费总量、能源强度和能源结构需要满足如下条件，即重庆能源消费总量进入逐渐低速减少阶段，到 2030 年，重庆单位国内生产总值能耗大幅下降，重点耗能行业能源利用效率能够达到国际先进水平，能源消费强度稳速下降，能够达到 0.3 吨标煤/万元。2060 年能源利用效率能够达到国际先进水平，非化石能源消费比例达到 80% 以上，能源消费强度稳速下降，能源需求增长与经济发展脱钩。因此，我们从这两个维度研究了重庆能源消费总量控制现状与潜力、非化石能源供应现状与潜力、提高能源运输效率、加工转化效率、利用现状与潜力、终端电气化水平现状与潜力、产业调整现状与潜力问题，来讨论重庆实现不同阶段目标情景的主要影响因素及清洁能源转型与产业转型的有效模式和路径。

重庆在能源供应方面，一次能源资源有限，"贫煤、少水、有气、无油"，是西部地区唯一的电力受端省份。预计到 2025 年川渝电力装机规模达到 1860 亿千瓦，其中四川省 1.5 亿千瓦、重庆市 3650 万千瓦。电力装机 922 万千瓦；火电中新增调峰气电约 500 万千瓦；风电装机约 177 万千瓦；光伏发电装机重庆市 187 万千瓦。川渝能源一体化协同基础设施已经初步建立。川渝两省市间现有三条六回 500 千伏输电通道，"十四五"期间，将建成川渝 1000 千伏特高压交流工程，形成以 500 千伏站点为中心的 220 千伏"网格""环形"分区供电格局，主网架供电能力和安全水平得到进一步提升，建设电源自给性强、电网坚强灵活的新型电网。到 2035 年，建立涵盖发输配用全环节，以川渝特高压交流工程和 500 千伏主网为骨干支撑，具备高比例新能源就地开发利用、源网荷储协同互补智慧互动、安全稳定清洁低碳高效运行、电力市场体制机制健全完善的区域化新型电力系统，推动川渝地区经济社会高质量发展。川渝还共同构建了四川盆地天然气产能基地，承担着全国约 1/3 的天然气产量，兰成渝成品油管道和川渝输气环网实现两地油气应急互保，川渝能源一体化协同基础设施初步建立。在目前的规划中，重庆在全国特高压西电东输网络布局上没有成为枢纽节点，而重庆市境内 2020 年后基本没有可开发的大中型电源，新增电力需求将主要依靠外来输入。

一、碳达峰阶段的主要影响因素和潜力

在保障重庆经济社会持续发展的同时努力实现碳达峰目标，核心是降低单位 GDP 的二氧化碳排放，以"强度"的下降抵消 GDP 增长带来二氧化碳排放的增加，使单位 GDP 碳排放下降率大于 GDP 增长率，即可实现二氧化碳排放达峰。研究发现，重庆实现单位 GDP 的二氧化碳排放持续大幅下降的影响因素如下：

（1）能源结构调整（减少煤炭的使用），控制能源消费总量与强度，特别是控制煤炭消费总量，降低燃煤消费比例（Wang

et al.，2018；Wang and Li，2017；Lee et al.，2018），加快发展新能源和可再生能源，优化能源结构，在保障能源需求前提下减少二氧化碳排放（27%的贡献）。

（2）要大力节能，特别是工业领域的节能，降低 GDP 的能耗强度（30%的贡献）。

（3）加强产业结构的调整和优化，增加第三产业比重，抑制煤电、钢铁、水泥、石化、化工等高耗能重化工业的产能扩张，实现结构节能（22%的贡献）。

（4）产业技术升级，推广先进节能技术，淘汰落后产能，提高能效，实现技术节能，从而大幅度降低 GDP 能源强度，控制能源消费总量增长（12%的贡献）。

（5）电能替代，终端电气化（9%的贡献）。

二、碳中和阶段的主要影响因素和潜力

在保障重庆经济社会持续发展的同时努力实现长期碳中和目标主要依靠减排，特别是能源系统要实现自身二氧化碳的净零排放（项目综合报告编写组，2020）。能源系统深度减排的核心对策是建成以新能源和可再生能源为主体的近零排放体系，并引入化石能源发电和工业生产过程中的二氧化碳捕集埋存技术（CCUS）以及生物质发电二氧化碳捕集埋存的负排放技术（BECCS），从而使电力系统在 2050 年前率先实现二氧化碳净零排放。因此重庆实现深度减排的主要因素是能源低碳转型，能源低碳转型的关键在于增加低碳能源供应比例和提高消费侧电能

替代：

（1）构建绿色低碳循环发展的产业体系，以产业转型升级促进能源节约和二氧化碳减排（30%的贡献）。

（2）能源低碳转型，加快能源体系的深度脱碳化，增加非化石能源供应，能源供应向多元化、低碳化、清洁化转化（李际和樊慧娴，2018），大力发展可再生能源电力及核电技术，提高低碳/无碳发电供应比例（30%的贡献）。

（3）未来终端用能部门深度电气化趋势，与当前数字化、智能化发展趋势相结合，将促进工业、建筑、交通等终端部门实现二氧化碳近零乃至净零排放（25%的贡献）。

（4）提高能源运输效率、加工转化效率和能源利用效率，实现精细化深度减排（15%的贡献）。

第四节　能源转型模式与路径

一、多元化清洁能源安全供给挖掘与提升模式及路径

充分挖掘和提升多元化清洁能源安全供给能力。在充分了解重庆市未来产业结构、用能需求特征和综合能源服务资源禀赋的基础上，最大潜力地优化能源供应结构，充分挖掘和提升重庆自身可再生能源供给能力的同时，巩固并拓展市外绿电的供应渠道。

第一，大力推进页岩气、风能、太阳能、水电等清洁能源的开发。重庆辖区内虽无大规模部署风电和光电的条件，但可以依托区域内丰富的水电和页岩气资源，大力推进清洁能源开发，持续降低能源工业化石能耗占比。为此，要科学开发渝东北、渝东南地区风、光资源，科学布局调节性电源；加大长江及其干支流多个梯级水电开发利用，"十四五"川渝地区新增投产气电装机容量900万千瓦以上，其中四川省400万千瓦，重庆市500万千瓦，有效弥补电力调峰和枯期电量缺口。加快建设两河口、双江口等调节性能好的水库电站，加强现有水库电站的水风光互补开发；加大重庆市涪陵、南川、梁平等地丰富的页岩气资源的开发力度；发挥川渝地区天然气资源比较优势，在负荷中心和天然气主产地科学规划布局、加快实施一批天然气发电项目，重点推动在新能源大规模开发基地和负荷中心规划建设抽水蓄能电站，推进多种储能方式在电源侧、电网侧、用户侧多场景商业化应用，有效提升能源系统调节能力。

第二，构建内畅外通的多渠道能源设施网络，推动电网提档升级。优化升级市内能源网络，提升重庆市外能源入渝通道能力。加快建设"疆电入渝"输电通道，完善川渝电网主网架结构，推动西北电入渝第二输电通道前期工作。推进重庆电网"双环两射"主网架建设，论证渝东北与主城都市区电网第二输电通道，促进地方电网与统调电网互联互通。适度超前规划建设配电网，实施农网巩固提升工程，提升全市供电可靠性和智能化水平。推进国家输气干线和市域管网互联互通，配套建设天然气（页岩气）区块与输气干线的联接工程，完善市域管网规划布局，形成以跨区管网为骨干、区域支线为辐射的蛛网式管网格局。推动成品油管道扩容改造，联通西北、华南油源输送管道，论证沿江成品油管道，构建多油源互济互保供应体系。加快建设川渝特高压交流骨干网络，从根本上解决川西清洁能源开发外送问题，进一步提升成渝地区双城经济圈用电保障能力。围绕川东北渝东北地区一体化发展、成渝中部地区协同发展、川南渝西地区融合发展建设要求，统筹规划电网布局，确保重点区域供电需求。服务成渝地区双城经济圈交通一体化发展，科学制定成渝中线、渝昆高铁等重点项目供电方案，助力区域互联互通能力提升。强化两地能源资源在成渝地区双城经济圈电力保障中的核心地位，共同争取白鹤滩水电站新增电量更多留存川渝电网消纳。做好现有川渝送电协议计划电量安排，指导两省市电力市场主体做好新增市场化送电协议签订，并督促落地执行。开展成渝地区双城经济圈中长期电力保障研究。发挥川渝两地电力供需、电源结构互补特性，共同开展成渝地区双城经济圈中长期电力保障研究，重点研究未来外电方向和来源，论证成渝地区共同承接及消纳外电的可行性。

第三，构建以新一代信息技术为支撑的智能电网，建设能源大数据中心、智能调度中心和交易平台，实现源网荷储互动、多能协同互补、用能需求智能调控。加快调整优化能源消费结构，加强节能评估审查与监察，保障合理用能，限制过度用能，严控高耗能项目。实施重点节能工程，推进重点产业能效改造提升，强化重点用能单位节能管理，着力提高工业、建筑、交通、公共机构等领域能源利用效率。加大节能科研力度，鼓励先进节能技术和产品推广应用，加快能耗在线监测系统建设与数据运用，推动能源互联网创新。有序推进"煤改气"，稳步推进电能替代，加大清洁能源和可再生能源利用。

第四，推动川渝电力市场一体化建设。探索川渝两地电力交易中心工作融合机制，推进电力市场化交易，培育发展电力现货市场和川渝一体化电力辅助服务市场。完善水电上网和结算方式，探索市场化方式形成有利于资源输出地可持续发展的利益补偿机制。超前谋划丰富川渝电力市场交易品种。扩大新能源参与市场交易规模，研究微电网、新型储能、电动汽车、虚拟电厂、可调节负荷等作为独立主体参与电力市场。建立川渝电力协同合作机制。在川渝省级层面已建立的工作机制基础上，探索建立电力规划、建设、营销和协同推进机制，定期会商，研究重大战略与政策问题，推进相关发展方面的重大事项，促进川渝电力一体化发展。推动电力规划统筹和政策协同。加强川渝电力规划及方案衔接，共同争取川渝电力一体化发展重大项目。推进经济区与行政区域适度分离的体制机制改革，探索创新跨区域电力规划管理、电力项目审批、电价管理、统计分算等经济管理方式，提高政策制定一致性和执行协同性。共建区域一体化管理。总结推广川渝高竹新区"电力跨省域办理"一站式服务模式，在业务受理、用电检查、抄表收费、用能咨询、新兴业务推广等供电服务上推行"一个窗口、一口对外、一体化服务"，优化用电营商环境，推动"获得电力"服务水平有效提升。

二、终端能源电力替代的模式与路径

通过大规模集中转化来提高燃料使用效率、减少污染物排放，进而达到改良终端能源结构，促进环保的效果。电能替代包括以电代煤、以电代油、农业生产电气化等多种方式，替代产品涵盖热泵、蓄能、电锅炉、电熔炉、电采暖、农业电排灌、岸电工程、电动汽车、轨道交通等技术领域。

重庆在生产制造领域电能替代方面采取的主要模式和路径，一是在汽车制造及配套、金属加工、铸造、陶瓷、微晶玻璃等行业，以及其他有条件的行业，积极推广电窑炉。二是在食品制造及加工、屠宰等生产工艺需要热水（蒸汽）的行业，积极推广蓄热式和直热式工业电锅炉应用，各区（县、自治县）城区、工业园区基本淘汰燃煤锅炉。三是在采矿、食品加工等企业生产过程中的物料运输环节，推广电驱动皮带传输。四是在管隧挖掘、油气开采等领域，推广电钻机、油气管线电加压等替代技术。

在基础设施领域电能替代方面采取的主要模式和路径，一是支持电动汽车充换电基础设施建设，形成公共服务领域、居民区、单位内部停车场、城际高速公路服务区充电设施为一体，车桩相随的电动汽车充电服务网络。二是在全市主要港口码头，推广靠港船舶使用岸电和电驱动货物装卸传送，新建规模港口原则上须同步安装岸电设施。三是支持空港陆电等新兴项目，在机场廊桥新建扩建时，同步推广应用机场桥载设备供电，推动机场运行车辆和装备"油改电"工程。

在农业生产领域电能替代方面采取的主要模式和路径，一是推广电制茶、电烤烟、电烘干等农业生产电气化和农产品加工的电能替代技术，提高生产效率，服务农业生产生态化发展。二是结合高标准农田建设和推广农业节水灌溉等工作，加快推进机井通电。

在居民生活领域电能替代方面采取的主要举措，一是在有采暖需求的地区，大力推广空调、油汀、小太阳、碳晶、电地暖、空气源热泵等分散型电采暖技术替代燃煤、燃柴采暖。二是在城乡接合部、农村地区有计划推进散煤清洁化替代工作，推广电磁灶、电热水、微波炉、电饭煲等电炊具替代厨炊散烧用煤（柴）。三是持续开展"电网连万家、共享电气化"活动，大力提升居民电气化水平，积极推动家用电器的普及使用，提升城乡居民生活质量。

在公共服务领域电能替代的主要模式和路径，一是在地热资源较丰富地区，推广浅层地源热泵等地热能高效利用技术，实施地热资源综合利用示范工程建设。二是在学校、医院、酒店、企业、部队等人员集中居住、统一管理的单位，推广空气能热泵热水技术，实现可再生能源规模化应用。构建灵活高效的能源储备调峰体系。统筹抽水蓄能电站、天然气发电、电力需求侧响应和储能等供需措施，不断增强电力系统运行调节和调峰能力。优化成品油仓储设施布局，形成以长寿、江北为中心，万州、黔江、秀山、永川、合川为支撑的油库仓储体系。加强储气设施建设，形成以地下储气库为主、CNG 和 LNG 储备站为辅、可中断用户为补充的多层次调峰体系。加强储煤基地布局建设，重点提高煤电企业存煤能力。

构建能源服务综合服务平台，一是对引进的国外 CCUS 技术进行共建共享，二是进行用户侧能源供应体系重构。围绕综合能源站、综合能源服务、碳资产管理服务三大业务板块，从优化重庆市能源供应结构，推动实现"双碳"目标、提高重庆能源供给保障能力上寻求突破。帮助企事业单位和公务机关、商业体等组织和实体，确认碳排放权资产，并做好资产管理工作，更好履行碳减排义务、减轻超标引起的经济负担。重点针对工业园区、经济开发区、商务区、市政设施、各类商业体和楼宇，以及各种用能场景、旅游建筑、科教文卫建筑、通信建筑、交通运输建筑等用能设施，设计量身定制的综合能源服务解决方案。

第五节　重点产业转型升级的模式与路径

一、工业产业转型升级的模式与路径分析

重庆第一大排放部门是工业部门，2019 年占比为 68%，交通部门排放居其次，排放占比为 15%，然后再是生活消费、批发零售，分别为 9%、3%。在规模以上工业，2019 按行业分排放量最大的前十的行业分别是电力、热力生产和供应业，煤炭开采

和洗选业，非金属矿物制品业，化学原料及化学制品制造业，黑色金属冶炼及压延加工业，有色金属冶炼及压延加工业，造纸及纸制品业，油和天然气开采业，非金属矿采选业，汽车制造业。2019年，工业里面GDP前十的十个行业，分别为计算机、通信和其他电子设备制造业，汽车制造业，非金属矿物制品，电气机械和器材制造，铁路、传播、航空航天和其他运输设备制造业，农副食品加工业，通用设备制造业，电力、热力生产和供应业，有色金属冶炼及压延加工业，化学原料及化学制品制造业。我们发现，重庆的GDP增速依托高耗能行业增长。GDP高的行业，大多也属于高耗能行业。因此，重庆经济社会转型的主要模式为调整工业产业结构，提高工艺技术水平，降低高能耗产业占比，情景描述如表4-4和图4-13所示。

表4-4　　　　　　　　经济转型和工业技术效能情景描述

情景类型		可持续碳达峰阶段	可持续碳中和阶段
经济转型：主要考虑经济指标的变化	产业结构	2019年重庆市第三产业GDP产值占总行业的53.2%，第二产业占40.2%，产业结构有所优化，2030年后第三产业占比更大，第二产业占比减小，新兴工业和第三产业发展快速	在积极达峰基础上，经济结构进一步优化，与目前发达国家的格局类似；新兴工业和第三产业发展快速，淘汰落后产业
工业技术能效	工艺技术水平	技术水平提高，能效提高，2035年达到国际先进水平（先进值）	技术水平提高，能效提高，2060年达到国际领先水平（先进值）

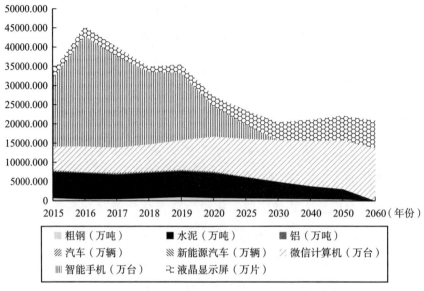

图 4-13　重庆高耗能主要工业产品生产情景

　　重庆"十四五"在工业方面的发展方向包括推进产业集群发展，推进产业创新发展，推进产业融合发展，推进产业绿色发展和推动产业协同发展。深入推进川渝产业合作，共同建设一批具有国际竞争力的先进制造业集群，打造国家重要先进制造基地。"十四五"重庆工业具体要实现的目标是，制造业方面，工业总量突破 3 万亿元，工业增加值年均增长 6%，占 GDP 比重达到 30%；建成一批千百亿级产业集群。工业经济方面，战略性新兴产业规模达 1 万亿元以上，占重庆市工业比重达 35%；企业研发投入强度提高到 2% 左右，全员劳动生产率达到 40 万元/人。产业协同方面，川渝地区产业协同发展态势更加良好，汽车、电子、装备等世界级产业集群加速构建；中心城区制造业高端化、服务化升级，成为高质量发展的引领地；主城新区制造业规模化、集群化发展，成为高质量发展的增长极；"两群"地区制造业绿色化、特色化转型，形成绿色生态发展示范区；到 2025 年，全市战略性新兴产业、高技术产业占规模以上工业总产值比重分别提高至 35%、32%，数字经济增加值占地区生产总值比重达到 35%，研发经费投入强度达到 2.5%，非化石能源消费占一次能源比例达到 23%，大宗工业固体废物资源化利用率达到 70%，森林覆盖率达到 57%，空气质量优良天数比例稳定保持在 88% 以上，完成国家下达的单位 GDP 能耗和二氧化碳排放下降率目标任务，市场导向的绿色技术创新体系更加完善，法规政策体系更加有效，绿色低碳循环发展的生产体系、流通体系、消费体系初步形成。到 2035 年，绿色发展内生动力显著增强，绿色产业规模迈上新台阶，重点行业、重点产品能源资源利用效率达到国际或国内先进水平，广泛形成绿色生产生活方式，碳排放达峰后稳中有降，生态环境根本好转，山清水秀美丽之地基本建成。2035 年，将建成实力雄厚、特色鲜明的成渝地区双城经济圈，它将成为具有国际影响力的活跃增长极和强劲动力源。重庆"三个作用"发挥更加突出，进入现代化国际都市行列，综合经济实力、科技实力大幅提升。

工业制造业作为污染程度最高的行业，是全球温室气体排放的主要来源。制造企业产品生产过程产生了大量排放。同时，工业制造业属于基础设施类行业，深刻影响着上下游产业。产品制造、原料供应（选择、运输和储存）以及所售成品的加工和使用是工业制造中排放最多的三类活动。制造企业的大部分排放属于范围一和范围二，主要指其产品制造环节所产生的排放，包括化石燃料燃烧、现场的制冷剂使用的直接排放以及外购电力产生的间接排放。与产品制造相关的排放约占其报告总排放量的 40% ~ 60%。制造企业的范围三排放指与其价值链相关的间接排放。其中，与原料购买和相应物流相关的排放约占报告总排放量的 10% ~ 20%；下游排放（来自所售卖产品的加工和/或使用）占报告总排放量的 10% ~ 20%，这两类活动是制造企业的主要排放源。

工业行业在深度减排路径中首要是推进高比例电力化，而难以减排工业包括钢铁、水泥、化工、石化等需要创新工艺和技术。氢替代焦炭等作为金属冶炼还原剂，石化和化工产品可以用氢作为原料。围绕打造新型能源化工产业集群目标，聚焦现代煤化工产业发展方向和市场需求空间，以煤制烯烃、乙二醇、对二甲苯等项目为重点，推进煤焦化及副产品向下游链条延伸；积极创建氢能产业示范市，加快提升氢能源产学研深度融合水平和技术竞争力；大力发展电池级硫酸钴、硫酸镍、电池级氢氧化铝、硫酸铝、"三元材料"等锂基电池基础材料，建设西南地区重要的镍钴锰酸锂电池正极材料产业基地；培育新型建材龙头企业，探索发展"水泥 +"模式，延伸建材产业链，提高建材产业附加值，提升新型建材产业规模与整体实力；推进大宗固体废物综合利用，加快发展再生资源和新型建筑建材产业，贯通绿色建筑和绿色建材全产业链。新型数字基础设施建设提速，也是重庆大数据智能化推动产业转型升级的方式之一。通过推动建设以数据中心、5G 通信、中新互联互通国际超算中心、中新国际数据通道等数字基础设施体系，重庆将逐步建成为中国内陆的国际通信枢纽。

降低产品制造环节碳排放：采用可再生能源，部分企业通过购电协议（PPA）和可再生能源证书来购买绿电，或通过投资建设自有的可再生能源系统；提升能源效率，推广新的制造技术可以帮助制造企业提升能效；从废料中回收能源。

降低原料供应环节碳排放：原料选择方面，可通过制定并利用原料选择标准和环境影响评估工具的方式，优先采购供应链中的绿色原料；物流方面，选择合适的且低碳的合作伙伴以推动价值链的低碳排放。

生产绿色产品：制造企业的范围三排放大多来自产品在价值链下游被进一步加工及使用的环节，因此企业需倡导绿色产品的生产，协助下游减少在这两个环节的碳排放。

二、汽车行业转型升级的模式与路径

（一）汽摩产业减排潜力

重庆是汽摩产业重镇，汽摩工业在重庆 GDP 的贡献构成中，处于举足轻重的地位。2020 年重庆的 GDP 为 25002.79 亿元，汽车产业贡献占比 14.69%[①]。如果算上零售、服务等相关产业，汽车拉动的 GDP 占比会更高。重庆汽车产量占全国的 6%[②]。重

[①] 资料来源：2020 重庆市统计年鉴［EB/OL］. https：//tjj. cq. gov. cn/zwgk_233/tjnj/2020/indexch. htm.

[②] 资料来源：重庆市制造业高质量发展"十四五"规划（2021—2025 年）［EB/OL］. https：//www. cq. gov. cn/zwgk/zfxxgkml/szfwj/qtgw/202108/t20210803_9538603. html.

庆是全国最重要的摩托车生产和出口地之一，2020 年，重庆市出口摩托车 333.9 万辆，出口货值 110.07 亿元，出口总额占全国摩托车出口总额（50.2 亿美元）的 1/3①。截至 2020 年年底，重庆市共有汽车生产企业 41 家，其中整车生产企业 21 家，改装车生产企业 20 家，年产 400 万辆的综合生产能力②。其中汽车零部件企业上千家。具备发动机、变速器、制动系统、转向系统、车桥、内饰系统、空调等各大总成较完整的供应链体系，具有 70%以上的汽车零部件本地配套化率。2020 年，重庆汽车整体产量达 158 万辆，同比增长 12.7%（2019 年为 138.3 万辆），产量占全国比重较 2019 年提高近 1 个百分点。其中乘用车产量规模以上汽车制造业完成产值 3672 亿元，同比增长 12%（见表 4 - 5）③。长安、东风、上汽、长城等国内领先的汽车集团，以及美国福特、韩国现代、日本五十铃等国际知名汽车集团聚集重庆发展。迪马、金冠等改装车企业在国内运钞车、中高端房车等细分市场已形成一定市场竞争优势。重庆已经形成长安系为龙头、十多家整车企业为骨干、近千家零部件企业为支撑的"1 + 10 + 1000"产业集群，整体发展水平处于全国先进行列。

重庆有摩托车整车企业 36 家，规上零部件企业 450 余家，

---

① 资料来源：重庆摩托车整车及零部件出口全球近 200 个国家和地区［EB/OL］.（2021 - 09 - 18）. https：//www. cq. gov. cn/zwgk/zfxxgkml/lwlb/cqzxd/zzdt/202109/t20210918_9734617. html.

② 资料来源：《2021 年度重庆市区域与行业科技竞争力评价报告》发布渝北沙坪坝江北位居前三［EB/OL］.（2020 - 12 - 29）. https：//baijiahao. baidu. com/s? id = 1720481993140151976&wfr = spider&for = pc.

③ 资料来源：重庆市经济和信息化委员会关于市政协五届四次会议第 0541 号提案办理情况的复函［EB/OL］.（2021 - 06 - 04）. https：//jjxxw. cq. gov. cn/zwgk_213/jytafhgk/202106/t20210604_9363965. html.

具有年产 1000 万辆整车和 2000 万台发动机的综合生产能力，具备发动机、离合器、车架、减震器等各大总成完备的配套能力，摩托车产销量的全国占比仍达 1/4①。重庆摩托车产业孕育的隆鑫、宗申、力帆、银翔等企业，至今仍保持全国摩托车产销或出口前十的行业地位。重庆摩托车产业出口集聚发展的优势不断体现，产业外向度和国际竞争力不断提升。

表 4 - 5　　　　　　　　　汽车产业基础现状

年份	年产量（万辆）	总 GDP（亿元）	新能源汽车产辆（万辆）	汽车制造业综合能源消费量（吨标准煤）	汽车制造业产值能耗（吨标准煤/万元）
2016	316.0		1.45	1052363	0.02
2017	299.8	4467.2		1072567	0.02
2018	205.0	3740.6	2.43	911906	0.02
2019	138.3	3259.2	3.73	763532	0.02
2020	158.0	3672.9	4.32		

汽摩产业的碳排放是全国碳排放的重要组成之一，据中汽中心估算，其约占全国碳排放的 7.5%，其中超过九成来自保有汽车使用阶段所消耗的汽柴油等化石燃料的燃烧，该部分碳排放占整个交通领域碳排放总量的 80% 左右。2020 年重庆碳市场排放单位名单中共有 12 家汽车制造业企业，主要有庆铃汽车股份有限公司、上汽依维柯红岩商用车有限公司、长安福特汽车有限公司、重庆大江信达车辆股份有限公司、重庆红旗缸盖制造有限公

---

① 资料来源："双品牌战略"浮出水面 力帆发布高端机车品牌 [EB/OL]. (2022 - 09 - 16). https：//www.cqcb.com/chongqingcaijing/2022 - 09 - 16/5024072_pc.html.

司、重庆庆铃铸造有限公司、重庆小康工业集团股份有限公司、重庆长安铃木汽车有限公司等。

另外，重庆新能源汽车产业已有较好基础，智能网联汽车发展处于国内先进水平。重庆市目前已形成"9 + 3 + 5 + 30"的新能源汽车产业体系，即长安汽车、长安福特、金康等 9 家乘用车企业，恒通、五洲龙、穗通等 3 家客车企业，庆铃、瑞驰、上汽依维柯红岩等 5 家专用车企业，以及 30 余家重点零部件配套企业。围绕这一产业体系，重庆还形成了中国汽研、重庆车检院等新能源汽车测试、检测机构，长安出行、盼达用车等网约车和分时租赁品牌商等。2020 年，重庆市生产新能源汽车 5 万辆，与 19 年持平，占全市汽车产量的比例为 3.2%。与此同时，智能网联汽车发展较好，总体处于国内先进行列，2020 年生产智能网联汽车 24 万辆，同比增长 28.3%，占全市汽车产量比重 15.2%。这些努力为实现碳达峰碳中和创造了好的基础条件。

------------------➤

重庆长安汽车股份有限公司低碳减排案例①

在碳达峰碳中和背景下，重庆汽车产业开始进行节能降碳的行动。其中在减少碳排放方面投入最多且效果最好的为重庆长安汽车股份有限公司。重庆长安汽车股份有限公司是中国汽车四大

---

① 资料来源：作者根据调研资料结合新闻报道整理（参考的新闻报道有：碳达峰行动为新能源汽车带来新机遇 [EB/OL]. [2023 - 03 - 01]. https://epaper.cqrb.cn/kjb/2023 -03/14/03/ content_kj_284442.htm，李伟. 长安六大战略行动，全力推进"新汽车新生态"战略建设 [EB/OL]. https:// chejiahao. autohome. com. cn/info/ 9544193）。

集团阵营企业，拥有 156 年历史底蕴，34 年造车积累，全球 16
个生产基地、35 个整车及发动机工厂和 10 个重点海外市场。
2014 年长安品牌汽车产销累计突破 1000 万辆，2016 年长安汽车
年销量突破 300 万辆，截至 2018 年 7 月，长安系中国品牌用户
达到 1700 万，可以称为中国品牌汽车行业领跑者。仅从企业官
网公布的环境信息公开报告来看，长安总体的排放达到了国家规
范要求。从其官网披露的社会责任报告来看，长安在新能源汽车
和智能汽车方面的举措相对完善，开展"香格里拉计划"和
"北斗天枢计划"，并且在绿色生产方面具有一定的规划统筹：全
自动车间、用地集约化、废物资源化与能源低碳化等。并且打造
了一系列十分具有竞争力的产品以及系列：cs15、欧尚等。旗下
两款产品线上出行软件——长安出行与 T3 出行，致力于实现互
联网＋智能出行平台，目前已在重庆、南京、杭州、厦门等 8 地
投入近万台车辆。长安集团目前正在打造绿色精益制造标杆工
厂，建立方针展开、标准化工作、目视化管理、过程确认、持续
改进、时间数据管理六大一致性流程以及 QOS、DOS、COS、
POS、MOS、EOS、SOS 七大操作系统，提升精益制造体系的有
效性，实现制造全过程高效化、节能化、环保化，建立全球一体
化精益制造体系。此外，渝北工厂针对废水、废气和废渣三大主
要污染物进行处理回收利用，取得了显著成效。

（二）汽摩产业低碳发展路径

在燃油车制造占主流的背景下，汽车企业上游原材料采购以

及生产制造环节产生的碳排放量约7%，使用环节（燃油使用、尾气排放以及维修保养）所产生的碳排放量高达93%。因此，在达峰阶段，汽车企业的低碳发展路径需要从生产与使用两个方面来看。

1. 生产过程中的低碳发展路径

（1）促进低碳材料的应用。相对于汽油车，电动汽车的动力蓄电池生产和报废回收阶段会产生较多的碳排放。应促进低碳材料在电动车辆上的应用，并加大研发力度。同时，不断增强材料回收技术的研发以及投入使用。而对于短时间内无法完全取代的传统车辆，也应逐渐削弱产能，改造生产线，使车身等通用组件的生产低碳化。

（2）推动低碳技术的研发。鼓励整车企业开展低碳技术革新，改进工艺流程、提高生产能效、设计开发低碳和零碳的零部件。同时，鼓励动力蓄电池企业开发低碳和零碳电池关键材料、提升电池的生产能效，从而降低动力蓄电池的碳排放。

（3）生产供应链的低碳化。汽车制造企业是典型的由庞大供应链支撑的企业类型，整车企业应推动供应链上下游企业协同减污降碳增效，促进低碳技术在汽车全产业链的广泛应用。另外，在电动汽车技术并不成熟的过渡时期，可以通过提高传统汽油车的燃油效率、推广使用低碳技术降低碳排放。

2. 使用过程低碳发展路径

（1）提高汽车电动化比率。由于电动车面临续航里程短、充电时间长、充电桩少的问题，电动车用户的用车便利性有待提高。企业需要继续提高电动车技术，包括提高电动车的续航里程，缩短充电时间等。利用已有资源的改造实现产业结构的变革，确保产品质量的情况下实现新能源汽车的产能提高，并逐步减弱传统汽车的产能占比。

（2）促进零碳燃料电池车研发。加快零碳燃料电池车的研发，可以应用于难以电动化的远距离运输。远距离运输电耗比较高、使用周期较短，导致这部分车辆电动化难度较高。因此可推进可再生氢等零碳燃料应用于远距离运输这些难以电动化的领域。

（3）加快推进负碳技术的研发。负碳技术可大大降低汽车行业碳排放。目前负碳技术尚不成熟，成本较高，未达到商业化应用，因此这一阶段需重点推动负碳技术研发，达到商业化应用的水平。

（三）汽车企业低碳行动——长安

长安汽车坚决贯彻绿色发展理念，积极探索经济效益与环境效益的双赢发展，始终坚持提高资源利用率，采用环保工艺及设备，实施清洁生产和智能制造，减少污染物排放，致力打造资源节约型、环境友好型企业。

绿色生产：以绿色精益制造标杆工厂为目标，建立七位一体的生产体系，并在渝北工厂实现了用地集约化、生产洁净化、废物资源化、能源低碳化，生产用水水平持续降低，对废水、废弃和废渣进行处理回收，搭建了能源管理系统，分车间级、生产级、区域级布置600余块智能仪表，采集分析能耗、环境排放等异常耗能，通过精细化管理促进改进，提升效能水平，全年节气约90万方，节电10万度以上。

绿色发展：对于汽车行业而言，生产制造环节的碳排放实际上仅仅是整个产品生命周期的一部分，根据《汽车行业低碳行动》中关于企业平均生命周期碳排放核算方法可以看到，实际上制造企业的碳排放集中在车辆生命周期上，并且产品生命周期所产生的碳排放占比达到90%，因此开发新能源汽车可以更大程度地削减碳排放量。开展"香格里拉计划"，大力研发新能源汽车，成功推出 UNI－T、CS 系列、逸动系列、欧尚系列等经典产品。

绿色出行：开发长安出行和 T3 出行等产品，鼓励居民低碳出行。

绿色营销：以"创新营销模式，打造营销第三增长极"为目标，成立线上线下融合的新营销平台——车和美。

同时，长安汽车一直坚持自主研发，不断突破自己，近五年已累计投入 100 亿元，掌握了 500 余项智能低碳技术，并在新能源及智能化领域首发了 48 项核心技术。其中，长安新一代超集电驱系统，通过技术深度融合，实现重量降低 10%，功率密度提升 37%，效率提升 5%。电驱总成最高效率突破 95%，工况平均效率超过 90%，远超行业平均水平 85%，重新定义了新能源汽车效率。长安新一代超集电驱通过全球首发的电驱高频脉冲加热技术，彻底打破了"电动车难过山海关"的魔咒，实现了 －30℃ 的极寒环境中，5 分钟快速升温 20℃，配合整车余热回收技术，有效提升冬季低温续航里程 40 公里 ~ 70 公里①。量产首发远程智

---

① 资料来源：长安汽车加速构建新汽车新生态 助推实现碳中和发展愿景［EB/OL］. (2021 － 09 － 16). https：//baijiahao. baidu. com/s? id ＝ 1711059162166944474&wfr ＝ spider&for ＝ pc.

能泊车系统 APA6.0，真正打破用户和车辆距离的限制，率先实现基于手机控制的远程驾驶，进一步展现了长安汽车的技术实力。

长安汽车将坚持每年不低于 5% 的收入投入到研发领域，打造全新的"6337"技术能力，包括全新的汽车六层架构，智能制造、智能管理、智能产品三大新运营体系，云、网、平台三大数字经营底座，"芯器核图云网天"七大核心专项技术。不断以科技创新提速拥抱汽车新时代，全面向"新汽车新生态"落地。基于全新平台和架构，长安汽车将快速推出 5 款纯电产品，致力成为"数字电动汽车普及时代的引领者"，把科技转化为现实体验。

在长安汽车"第三次创业——创新创业计划"的引领下，长安汽车围绕新能源、智能化等未来汽车产业趋势，与多家行业巨头、互联网大亨、高校机构展开了战略合作，致力打造汽车产业生态"朋友圈"。

未来，长安汽车将携手各方合作伙伴，实施低碳化、数字化转型升级，构建"天上一朵云，空中一张网，中间一平台，地上全场景"的全新商业模式，实现线上数字化、线下场景化和服务体验化的未来出行新生态。

三、电子行业转型升级的模式与路径

重庆已建成"IC 设计—晶圆制造—封装测试—原材料配套"集成电路全流程体系，建成了集运营商、品牌商、代工厂和配套商为一体的智能终端产业链。目前，重庆计算机整机及配套产业占比高达 51.7%，手机及配套产业占比为 19%，电子核心部件、智能仪表等其他电子产业合计占比为 29.3%，初步形成多点开花、错位发展、齐头并进的产业结构。电子信息产业是重庆支柱产业，到去年年底全市拥有规上电子信息企业 639 家，主营业收入占全国电子信息产业第七位，是全球重要的笔记本电脑产业基地和全国重要的手机制造基地，电子信息产业成重庆工业增长第一动力①。2020 年重庆企业 100 强名单中包含 52 家制造业，其中有近 30% 的电子信息制造业②。

从碳排放活动来看，电子信息制造业并非高排放行业。如谷歌母公司（Alphabet）、微软 MSBT 和苹果公司 MSTISBT 产生的碳排放更多来自范围三，即所售卖产品和设备相关的碳足迹。与所售卖产品相关的碳排放定义较为宽泛，涵盖从原材料、生产、进出货运输、零售到终端客户使用和处置产品的方方面面。其中，原材料、生产和终端客户使用是公司最大、最易测量的碳排放源。

因此，电子信息产业常见的减排举措主要聚焦上述排放源——产品生命周期的碳足迹，以及供应链所带来的相关影响。除了这些领域以外，该行业的诸多公司可削减差旅、员工通勤和办公楼用电产生的碳排放，以期在短期内快速取得减排成效。具体的路径如下：

一是用环保材料。在电子设备生产过程中更多地使用可回收材料或低碳材料，以此减少电子设备大部分金属部件在开采、提

---

① 资料来源：重庆市政府新闻办举行电子信息制造业高质量发展新闻发布会［EB/OL］. https：//www. cqcb. com/yxzx/video/qita/2020 - 05 - 21/2415035_pc. html.

② 资料来源：2020 重庆企业 100 强名单［EB/OL］. https：//pp. i987. com/top100 - 733. html.

炼、熔炼和铸造过程中产生的温室气体。

二是降低生产环节碳排放。通过在生产流程应用碳减排技术来减轻对气候的影响，如使用低温锡膏（LTS）制造技术将印刷电路板组装工艺的能耗和碳排放量减少35%。

三是监测并约束供应链上的碳排放。电子信息企业可以为供应商制定具体的排放标准或目标，降低供应链整体碳排放。第一，通过制定《供应商行为准则》要求一级供应商依据全球标准汇报碳排放情况；第二，要求供应商对三个范围的排放量提交报告，将内部碳税的征收范围扩大至范围三的排放方，以便进一步跟踪监测；第三，为供应商减排提供帮助：除了监测供应链的碳排放，公司还可以提供额外的资源和支持，引导供应商走上碳中和的道路。

四、化工行业转型升级的模式与路径

我国化工行业的碳排放占比仅为4%（石油加工炼焦、化学原料和化学制品），但是部分化工品产能大省份碳排放强度却远超国家1.5吨/万元的平均水平，所以化工行业的碳排放特点可以概括为总量有限但强度突出。

重庆市规模以上工业中，化工行业的能源消费和产值能耗的程度不一，化学原料及化学化工制造业的强度最大。2019年，重庆市化学原料及化学制品制造业、石油加工和焦化、化学纤维、橡胶制品和塑料制品的综合能源消费量分别是9152548吨、19389吨、81595吨、246956吨，合计占比约为22.6%。需要注意的是，化学原料及化学制品制造业一项的占比从 2010 年开始就稳定在 20% 左右，2019 年达到了 21.7%[①]。由此可见，重庆市化工业的综合能耗水平是比较高的，而在重庆市的能源结构中，70% 为煤炭、石油，这就意味着重庆市化工业在碳达峰、碳中和的目标下会面临不小的压力。

化工行业低碳发展的路径如下：

（1）改造提升传统产业。鼓励企业实施以原料结构调整、产品结构调整、节能、环保和安全为目的的技术改造。整合甲醇资源，延伸发展甲醇制烯烃，解决主要化工原料本地化供应问题。延伸天然气化工产业链，发展乙烯/乙烯醇共聚物等高端聚烯烃树脂。鼓励重点化肥企业开发专用复合肥、缓控释肥等适用、新型化肥产品。鼓励用半水—二水法磷酸工艺替代传统的二水法工艺。培育农药重点企业，开发高效、安全、环境友好的农药新品种，提升农药行业整体水平。加快危险化学品企业环保搬迁工作，鼓励企业在搬迁过程中实施转型，生产有市场和有效益的产品。

（2）发展化工新材料产业。重点发展五类化工新材料。一是高性能树脂，主要包括聚碳酸酯、聚酰胺、聚甲基丙烯酸甲酯、聚苯硫醚等工程塑料；硬泡/软泡、浆料革等聚氨酯材料；聚四氟乙烯、聚偏氟乙烯等氟材料；乙烯—乙烯醇共聚物等高端聚烯烃树脂。二是高性能纤维，主要包括芳纶、碳纤维和高性能玻璃纤维等。三是专用化学品，主要包括电子化学品和功能添加剂，

---

① 资料来源：2020 年重庆市统计年鉴 [EB/OL]. https：//tjj. cq. gov. cn/zwgk_233/ tjnj/2019/indexch. htm.

水处理剂，含氮、磷、硫、硅、氟的特殊功能化学品等。四是高性能涂料，主要包括水性涂料、粉末涂料、高性能防腐涂料、汽车涂料等。五是功能性膜材料，主要包括水处理膜、锂电池膜、光学膜等。

（3）培育发展精细化工产业。重点利用氰化物、碳酰氯（光气）、巯基（甲硫醇等巯基化合物）、吡啶和嘧啶等特殊化学因子，发展具有行业领先地位的精细化工产业。

五、建材行业转型升级的模式与路径

（一）水泥工业转型升级模式与低碳发展路径

建筑行业中的水泥工业是非金属矿物制品中最为主要的能源消耗和碳排放的来源之一。水泥行业碳排放占比较大，行业低碳发展对实现碳达峰及碳中和目标有重要意义。2015～2020年，在我国政府和行业的集体努力下，我国水泥制造业生产每吨水泥的能源消费量从0.112吨标准煤下降到0.108吨标准煤，但吨水泥碳排放量从0.463吨上升到0.517吨①。我国水泥行业仍需继续加强节能减排。

2020年度纳入重庆碳市场排放单位名单的水泥企业超过三十个，包括东方希望重庆水泥有限公司、丰都建典水泥有限公司、

---

① 资料来源：中国140亿碳中和产业细分市场［EB/OL］.（2023 - 04 - 12）. ht-tps：//baijiahao. baidu. com/s?id = 1762932796358072340&wfr = spider&for = pc.

奉节县天宝水泥有限公司、华新水泥重庆涪陵有限公司等。水泥行业的过程排放占比较大，因此其减排对重庆工业的碳中和较为重要。本研究认为水泥行业低碳发展路径如下：

1. 提效、减量、创新是水泥行业低碳发展的主要路径

全球水泥和混凝土协会（GCCA）、欧洲水泥协会（CEMBU-REAU）等行业组织及海德堡水泥集团（HeidelbergCement）、拉法基豪瑞集团（LafargeHolcim）、西麦斯集团（CEMEX）、老城堡集团（CRH）等国际水泥集团提出水泥行业价值链 2050 碳中和目标，实现混凝土碳中和。混凝土碳中和的实现覆盖其全生命周期，包括生产、使用、拆除及回收等。实现路径主要包括提高能源利用效率，提升生物质、替代燃料比例，发展低碳水泥以及推进新工艺和技术创新、控制水泥需求量等。

（1）提高能源利用效率。水泥行业通过提高能源利用效率可减少 10% 的排放，国际金融公司、世界银行已经确定了大约 20 种可能的技术（包括改造）和措施，可在典型的水泥生产过程中节省 10% 的能源。利用现有技术提高能源效率是 2020～2030 年最主要的减碳方式之一。

（2）提高生物质、替代燃料比例。燃料燃烧排放约占水泥生产二氧化碳排放总量的 35%～40%，可通过提高生物质、替代燃料比例，减少对化石燃料的依赖，降低化石燃料燃烧排放。2018 年水泥行业生物质、替代燃料使用比例为 18.5%，距离欧洲水泥协会提出的 2050 年碳中和情景下，替代燃料及生物质燃料达到 60% 的比例仍有距离。

（3）发展低碳水泥。目前石灰石是水泥生产的主要原料，每

生产一吨水泥熟料大约消耗 1.3 吨石灰石，在窑炉内高温分解产生二氧化碳，此部分排放占整个排放量的 60% 左右。通过产品创新，发展低碳水泥，研发新水泥产品例如镁—硅酸盐水泥、碱/聚合物水泥、火山灰水泥等，通过减少或消除所用矿物原料的碳含量，减少或消除水泥生产过程中产生的工艺排放。但受资源供应稀缺、水泥产品特性等因素影响，新型水泥产品可能只能对减排作出适度贡献。

（4）推进新工艺及技术创新。以上技术方式不能彻底实现水泥行业脱碳，必须借助新技术手段实现零碳排放，包括 CCUS 技术、窑炉电气化技术等，现阶段主要是新工艺、新技术的可行性研究及试点应用阶段，2030～2050 年将发展为主要的减排方式。

（5）控制需求。通过以上各种技术手段可实现水泥生产过程的脱碳，但都会增加减碳成本。碳捕集和储存作为消除过程排放的途径，可能由于缺乏储存能力而在特定地理区域受到限制，因此从根本上减少对水泥的需求也是减少行业碳排放的方式之一。可以通过提高建筑及基础设施中混凝土的有效使用率，在建筑领域采用木材及其他建筑材料替代水泥，回收水泥、回收混凝土并经处理后再利用、开发使用水泥用量较低的新的混凝土产品等方式降低水泥需求量。

2. 采用 CCUS 技术，并实现商业化

电力完全脱碳、化石燃料完全被替代、低碳水泥产品的发展需要漫长的过程，水泥行业实现碳中和，需要大规模部署 CCUS 技术。IEA 水泥行业路线图预测 CCUS 将从 2030 年开始商业化并

大规模实施，预计该技术将在 2050 年之前提供最大贡献的碳减排量。

（二）玻璃工业转型升级模式与低碳发展路径

玻璃行业是典型的高耗能、高碳排放行业。在当今双碳目标背景下，玻璃行业的发展面临着严峻的挑战。国家统计局数据显示，2019 年我国平板玻璃产量为 94461.22 万重量箱，同比增长 0.53%，二氧化碳排放总量约为 3395.05 万吨二氧化碳当量，同比增加 0.1%，单位产品二氧化碳排放强度同比减少 0.42%。可知，我国玻璃行业碳排放总量处于增长态势，而单位产品碳排放强度则处于下降态势。我国玻璃行业节能减排工作取得重大成效，但其成效尚未抵消产量带来的碳排放绝对值的增长。

2020 年度纳入重庆碳市场排放单位名单的玻璃企业有十个，包括重庆天勤材料有限公司、重庆正川医药包装材料股份有限公司、福耀玻璃（重庆）有限公司、重庆博源玻璃制品有限公司、重庆国际复合材料有限公司（大渡口基地）、重庆昊晟玻璃股份有限公司、重庆市合川区金星玻璃制品有限公司、重庆市渝琥玻璃有限公司、重庆万盛浮法玻璃有限公司、重庆兴宝兴玻璃制品有限公司。本研究认为玻璃工业低碳发展需要采用全氧燃烧技术。据长期以来与空气助燃对比发现，全氧燃烧在玻璃窑炉应用主要有以下几点优势。

（1）提高燃烧效率，节省燃料。普通空气助燃和全氧助燃燃烧在传热过程中，存在较大差异，全氧燃烧在热辐射传热、窑内停留时间、燃烧效率、烟气量以及热量损失方面都全面优于普通空气燃烧。众多应用实例表明，可减少燃料消耗20%左右。

（2）提升玻璃的产量和质量。采用全氧燃烧时，燃料燃烧完全，火焰温度高，产物主要为二氧化碳和水，比空气助燃黑度大，辐射能力强，实际应用表明，火焰辐射温度可提高100℃左右，配合料熔融速度加快，可提高熔化率10%以上。水蒸汽的含量增加以及全氧燃烧时玻璃液表面温度提高，使得玻璃液黏度降低、流速增大，这也有利于提高熔窑的产量。全氧燃烧时，由于实际燃烧温度远大于1600℃，也不需要换火过程，因此，熔窑内火焰和窑压更加稳定，并且传热的效率和温度均匀性得到改善，有利于玻璃的熔化、澄清，减少玻璃的气泡及条纹。

（3）减少污染物排放。全氧燃烧所需助燃空气量少，约为空气助燃量的1/3，烟气排放量不到空气助燃的40%，相应被带走热量也下降，因此窑炉散热也降低。助燃空气中氮气量在5%～10%，因而在高温下产生的热力型氮氧化物更少，与空气助燃相比，全氧燃烧使每吨玻璃氮氧化物的排放由2.7～4.5千克减少到0.25～0.7千克，减少70%以上，二氧化硫排放降低40%，烟尘排放量降低70%。

（4）降低建造成本，改善操作环境。全氧燃烧窑结构近似于单元窑，没有金属换热器、小炉及蓄热室。整个窑体呈一个熔化部单体结构加上制氧设备成本占地小，建窑投资费用低。全氧燃烧可节省建窑投资40%以上，初期投资也会降低。由于窑体结构简单，避免蓄热室堵塞、漏火的维修和清渣的酷热恶劣的操作环境，维修量减少。

（5）延长窑炉寿命。全氧燃烧采用全氧喷枪燃烧可使火焰分为两个区域，在火焰下部由于全氧的喷入，克服了缺氧现象，火焰下部温度要高于火焰上部的温度，而熔窑碹顶温度相对要低20℃~50℃，从而减轻了对大碹的浸蚀和烧损。同时取消了限制窑龄的热回收系统，窑体火焰空间选用优质耐火材料砌筑，从而可延长熔窑使用寿命。实践表明，采用全氧燃烧熔窑的窑龄可达到 8 年以上。

（三）陶瓷行业转型升级模式与低碳发展路径

2020 年度纳入重庆碳市场排放单位名单的陶瓷企业包括重庆歌德陶瓷玛赛克制造有限公司、重庆国之四维卫浴有限公司、重庆锦晖陶瓷有限公司、重庆市欧华陶瓷有限责任公司等。本研究提出陶瓷行业碳中和低碳发展路径如下：

（1）煤改气。在陶瓷生产中，二氧化碳排放源类型主要有燃料燃烧、电力生产和碳酸盐分解过程三个阶段。燃料燃烧、电力生产和碳酸盐分解过程二氧化碳排放贡献比分别为 63%、32% 和 5%[①]。陶瓷砖二氧化碳排放的主要环节为陶瓷砖的干燥烧成（喷雾干燥塔和烧成窑炉为高能耗设备）和原料粉磨，二氧化碳的主要来源是燃料燃烧的直接排放和电力生产的间接排放。

（2）技术降排。采用不同的干燥技术对瓷砖生产的碳排放量也会产生影响，多层干燥窑技术可以节约能源、降低碳排放。采用多层干燥窑技术能源生产阶段二氧化碳、碳氢化合物和一氧化

---

① 资料来源：碳中和专题研究报告：碳中和背景下的路径指引及行业展望［EB/OL］.（2021 - 04 - 08）. https：//baijiahao. baidu. com/s？id = 1696456787787781199&wfr = spider&for = pc.

二氮分别增加 1.08%、1.01% 和 1.17%，陶瓷生产阶段降低 3.31%、3.61% 和 0。采用五层干燥窑相比一层干燥窑，干燥烧成阶段能源利用率高、散热面积小、煤耗降低 5.5%，从而降低了陶瓷砖生产阶段燃料燃烧的温室气体排放；同时，需增加 8.8% 的电力用于传送陶瓷砖，增加了电力生产阶段的碳排放，碳减排潜力为 1.44%。多层干燥窑技术中二氧化碳、碳氢化合物，对降低碳排放贡献分别为 1.019% 和 0.421%。额外需要的电力生产间接排放的碳氢化合物提高碳排放比为 0.002%[①]。

六、冶炼行业转型升级的模式与路径

在企业层面，2020 年度纳入重庆碳市场排放单位名单的有色金属冶炼及压延加工业企业主要有梁平县瑞升电化有限责任公司、秀山县嘉源矿业有限责任公司、重庆国耀硅业有限公司、重庆龙煜精密铜管有限公司、重庆旗能电铝有限公司、重庆市南川区水江氧化铝有限公司、重庆市南川区先锋氧化铝有限公司、重庆顺博铝合金股份有限公司、重庆天嘉日用品实业有限公司、重庆武陵锰业有限公司、西南铝业（集团）有限责任公司、中铝西南铝板带有限公司、重庆市东升铝业股份有限公司、重庆万达薄板有限公司。本研究提出冶炼行业转型路径如下：

（1）大力推广再生有色金属的使用。高耗能产品往往也是高

---

① 资料来源：碳中和专题研究报告：碳中和背景下的路径指引及行业展望［EB/OL］.（2021 – 04 – 08）. https://baijiahao. baidu. com/s? id = 1696456787787781199&wfr = spider&for = pc.

载能产品，珍惜初次生产过程中的耗能，最大限度地将其成为今后循环利用中的载能，因此，循环再生就是释放高耗能，转变为低耗能产品的过程。

（2）积极推动先进的节能技术。积极推动如低负荷抽汽与打孔抽汽供暖相结合、便携式槽前过热度即时测量仪、全底吹连续炼铜新技术，以实现冶炼行业的超低排放限值。

（3）全过程实施绿色环保工艺。第一，通过先进的废水处理系统，生产废水和生活污水经处理后全部回收利用，目前已实现废水零排放。第二，通过采取先进可靠的污染治理措施和余热锅炉回收热量用于蒸汽发电或供暖。第三，通过综合利用，以入库零渣量为目标，通过还原炉、烟化炉系统，富集、氧化、还原综合回收利用有价金属，外销有资质第三方综合回收利用。第四，通过粗铅冶炼的富氧顶吹炼铅技术，离子吸附单转单吸等先进生产工艺构建循环经济。

（4）实施有色冶炼智能工厂。针对冶炼绿色、高效、智能发展的需要，研发冶炼智能工厂关键技术，构建冶炼焙烧炉数字孪生系统，研发采购生产协同的供应链优化技术，充分利用工业机器人、智能仓储、集中实时监控、远程自动控制等新技术，建设全流程集成智能工厂一体化平台，通过"数据和业务的融合集成"和"平台＋应用"的模式，实现异构系统集成互联，大幅度提升生产过程稳定性与资源利用效率，全面提升冶炼行业智能化水平，实现冶炼行业智慧发展。

（5）推进电力行业与冶炼行业深度融入。通过电力行业与冶炼行业的全面融合，助力冶炼行业脱碳降碳，打造零碳冶炼产业。在供给侧，提升绿电比例，构建零碳电力为主、氢能、储能为辅的能源结构；在需求侧，全面推广终端电气化、源头减量、节能提效；在技术侧，改良工业过程，创新技术，推动大规模的工艺再造和原材料替换。第一，推进源网荷储一体化和多能互补，实现冶炼行业绿色低碳发展。推进电力源网荷储一体化和多能互补发展，大力发展综合智慧能源业务，积极探索"电解铝负荷＋储能"和"风光水火"多能融合技术路线和实施路径，因地制宜，充分利用铝业工矿用地等闲置资源，发展屋顶光伏、分散式风电等清洁能源，加强电解槽高效节能技术研发应用，建设绿色低碳、安全环保型产业示范基地。第二，提高清洁能源利用比例，加强电能替代。统筹区域内清洁能源供应，提高冶炼产业清洁能源利用比例，加大换电重卡推广力度，实现厂区内物流等设备的电能替代，打造"综合治理＋绿色能源＋储能＋智慧物流"的新路径，进一步助力行业降碳脱碳。

七、钢铁行业转型升级的模式与路径

（一）钢铁工业转型升级模式

钢铁是能源密集型行业的代表，也是工业系统的支柱性产业，占整个工业资产的5.53%。作为工业生产路径上承上启下的重要一环，钢铁行业规模的增长依托并展现出了中国经济的迅猛发展。同时，作为劳动力密集型的生产行业，钢铁业在拉动地方消费、稳定就业形势方面也起到关键的作用。在中国经济的强力驱动下，中国钢铁行业更占据了世界钢铁的半壁江山。中国年粗钢产量已占到世界总产量的 49%。但在能源利用效率方面，中国钢铁行业仍比发达国家低约 6%，作为中国温室气体放量最高的工业行业之一，钢铁行业的减碳任重而道远①。

2020 年度纳入重庆碳市场排放单位名单的钢铁企业包括城口县通渝铁合金有限公司、秀山兴源实业（集团）有限公司、重庆钢铁股份有限公司、重庆钢铁集团钢管有限责任公司、重庆钢铁集团矿业有限公司、重庆钢铁能源环保有限公司、重庆市城口县来凤铁合金有限公司、重庆市金泰电冶科技开发有限公司、重庆泰正矿产资源开发有限公司。

（二）钢铁工业低碳发展路径

一是通过减碳改造，大力降低钢铁工业整体碳排放。在碳减排的前期阶段，在钢铁行业大力推广电炉炼钢、球团改造、能效提升、DRI 还原铁、高炉富氢等。在行业深度减排期，通过钢铁行业绿色债券提升行业减排能力。

二是大力提升行业集中度。钢铁行业龙头企业在低碳技术储备、工艺改进和新技术拓展方面实力相对更强，可以利用自身技术实力在吨钢碳排放量上获得更优的表现，或者以更低的成本实现碳减排目标。通过提升行业集中度，实现行业深度减排。

---

① 资料来源：碳中和时代的机遇和挑战：聚焦重工业［EB/OL］.（2021 - 08 - 19）. https://www.sohu.com/a/484341987_121124376.

三是加速钢铁行业与化工、能源等其他行业的深度融合。在碳中和背景下，钢铁行业不仅需要革新自身的生产过程，还需要通过与化工、能源等其他行业进行融合发展，从全产业链的角度来降低二氧化碳排放。

（三）钢铁行业低碳发展技术

（1）氢气直接还原炼钢。探索氢气直接还原炼钢技术，采用电炉＋废钢的循环经济，关注过渡性技术，如炉顶煤气循环、高炉喷吹氢气、直接熔融还原等；钢铁行业实现碳中和还需要30年的历程，过渡技术能够补足一部分减排缺口，给零碳钢铁技术的发展创造空间。此外，钢铁行业也可持续推动超低二氧化碳排放炼钢工艺（ULCOS）技术的发展，包括生物质炼钢、新型直接还原工艺（ULCORED）、新型熔融还原工艺（HISarna）和电解铁矿石工艺（ULCOWIN/ULCOLYSIS）。这些探索距离工业化还有一定距离，但随着技术不断发展成熟，未来有可能更好地支持钢铁行业碳中和转型。

（2）布局余热余能发电系统、利用工厂空间建设光伏电站或风电站。在冶炼过程中使用可再生能源；布局余热余能发电系统、利用工厂空间建设光伏电站或风电站等方式提高绿色自发电比例。

（3）提升生产配套设施绿色水平。钢铁生产是复杂的系统过程，其中既涉及钢的冶炼，又涉及物流运输、库存管理等配套服务。因此要实现碳中和目标，同时也要提升钢铁生产配套设施的绿色水平。

（4）数字化、智能化改造全面提升节能和能效水平。在生产全流程管理方面，钢铁企业可以通过数字化、智能化改造全面提升节能和能效水平。

（5）应用 CCUS 技术。针对钢铁生产特点开发应用 CCUS 技术。所谓 CCUS（Carbon Capture，Utilization and Storage）即碳捕获、利用与封存，通过 CCUS 技术可以把生产过程中排放的二氧化碳进行提纯，继而投入到新的生产过程中，实现二氧化碳资源化利用。钢铁行业在实现碳中和的过程中如果完全消除对化石能源的消耗，不仅在技术上实现难度很大，而且在经济上也会极大地增加钢铁生产成本。因此保留一定程度的化石能源使用可能才是钢铁行业实现碳中和最现实的情景。在这种情景下，钢铁行业就需要使用 CCUS 技术对这部分碳排放进行处理。但目前 CCUS 技术的发展尚处于起步阶段，已得到应用的部分技术如二氧化碳降解塑料的生产成本很高，离大规模应用还有很长距离。未来钢铁行业可以根据钢材的生产工艺特点开发新型的 CCUS 技术，新技术可以结合化工、能源等钢铁相关产业，在更长的产业链条上实现二氧化碳的收集利用。例如东北大学研发的钢铁—化工—氢能一体化网络集成 CCUS 技术，通过钢铁、化工协同，为我国以高炉—转炉法为主的钢铁产业实现碳净零排放提供了创新解决方案。这种技术下钢铁生产过程所排放的二氧化碳可以最终制成多种化工产品。

（6）购买"森林碳汇"。在钢铁行业仅依靠自身改造无法完全实现二氧化碳净零排放的情况下，购买"森林碳汇"也是一个实现碳中和的可行路径。钢铁企业可以针对无法完全消除的二氧化碳排放量购买"森林碳汇",从而在全社会整体的层面实现碳中和。但购买"森林碳汇"将会给钢铁行业企业额外增加成本,且未来"森林碳汇"资产价格还可能出现大幅上涨。

八、新基建转型升级的模式与路径

新基建是指以新发展理念为引领,以技术创新为驱动,以数据为核心,以信息网络为基础,面向高质量发展需要,提供数字转型、智能升级、融合创新等服务的基础设施体系。碳中和与我国基建行业关系密切,在碳中和目标下,我国的传统基建行业面临巨大挑战,而新基建的重要性则日渐凸显出来。2021 年是"十四五"开局之年,全国各地均如火如荼地开展新基建投资建设,《零碳中国:数智化减排与未来》白皮书显示,2020~2050年间,将会有 70 万亿元左右的基础设施投资直接或间接地投放在包括 5G 基站建设、物联网相关基础设施等 7 大领域内,助力中国实现零碳能源转型,达成双碳目标。

重庆作为国家首批 5G 规模组网和应用示范城市,近年来也将 5G 作为实施以大数据智能化为引领的创新驱动发展战略的基础性、先导性、战略性公共基础设施,大力推进 5G 网络建设,推动 5G 创新发展,构建 5G 发展生态。2020 年,重庆全市每万人 5G 基站数已超过 10 个,位居西部第一;全市城市重点区域实现 5G 网络全覆盖,5G 用户超过 900 万户。5G 在超高清视频直播、VR、智慧旅游、无人驾驶、智慧诊疗、智慧仓储物流、智能制造和工业互联网等领域大量应用,为重庆发展数字经济提供了重要支撑。目前,重庆 5G 在各个领域的融合应用取得丰硕成果,如 5G + 医疗、5G + 教育、5G + 交通、5G + 政务等。未来,5G 将在重庆建设智造重镇、智慧名城方面发挥越来越大的作用。除此之外,5G 技术也广泛服务于乡村振兴,助力推动农业农村现代化建设。比如 5G + 无人机技术,在农业环境监测、农机应用、农产品溯源、农产品直播等领域得到广泛运用。

在新型网络基础设施方面,重庆市将大力推进 5G 网络建设,到 2022 年,5G 网络重点区域覆盖率将达 80% 以上;推进千兆光纤宽带建设,打造"双千兆"网络之城;升级国家级互联网骨干直联点、中新(重庆)国际互联网数据专用通道,逐步打通共建"一带一路"国家及地区重点城市的国际数据专用通道等。转型促进基础设施方面,到 2022 年,将培育 20 家以上综合性工业互联网服务平台、人工智能服务平台,200 家以上面向产业特定环节和领域的专业支撑平台。融合应用基础设施方面,我市将打造城市智能中枢、数字乡村基础设施、传统基础设施改造、公共服务智能化应用设施;每年打造 3 ~ 5 个全国知名的智慧城市应用示范项目。基础科学研究设施方面,到 2022 年,我市将力争建设国家实验室 1 个、大科学装置 2 个,打造一批科教基础平台,提升基础科研能力。产业创新基础设施方面,到 2022 年,我市将力争培育一批弥补产业发展短板的关键技术创新平台,打造一批支撑重点产业发展的试验验证平台,提升产业技术创新供给能力。智能计算基础设施方面,将推进数据存储设施,强化两江水土云计算中心核心承载能力;推进高性能计算设施建设,打造国家级超算资源集聚高地。信息安全基础设施方面,将打造信息安全监测、防护、测试平台，到 2022 年，全市网络、计算等关键信息基础设施安全防护水平显著提升。到"十四五"末期，全市 5G 基站将达到 15 万个。同时，重庆还将实施 5G 应用扬帆行动，通过"政策组合拳"等举措，打造 5G 行业虚拟专网，开展 5G 独立组网规模商用。2020 年以来，重庆市提出了 5G 网络部署、产业培育和融合应用发展规划，并确定了在 2022 年实现 5G 产业主营业务收入突破 1000 亿元的发展目标。课题组提出了如下低碳发展路径：

（1）构建零碳数据中心。风能、太阳能等绿电将更普遍地应用于数据中心，在数据中心全生命周期内最大限度地节约资源（节能、节地、节水、节材等）是大势所趋，在大型数据中心园区，热回收作为一种新型节能方案，已经开始落地。

（2）全面实施锂电化。随着锂进铅退趋势推进，以及锂电池成本的不断下降，锂电将在数据中心得到规模应用，逐渐走向全面锂电化。相对传统铅酸电池，锂电池生命周期是铅酸电池的两倍，同时在占地面积、运维效率、使用寿命和安全性等方面存在优势，可节省用地面积 70%，实现供电系统的高密化和模块化。世纪互联苏州国科数据中心采用华为智能锂电 UPS 整体解决方案，端到端供配电占地面积节省了 50% 以上，出柜率提升 10%。模块化 UPS 智能休眠功能做到低载高效，每年可节省电费上百万元。

（3）风进水退。少水甚至无水的制冷系统将成为主流。模块化架构的间接蒸发冷却系统采用一体化产品设计，可缩短部署时间、降低运维难度，同时充分利用自然冷却资源，大幅降低制冷系统的电力消耗，在适宜区域将逐步取代冷冻水系统。

（4）创新研发节能减碳技术。大力推广储能技术研发应用和持续探索碳捕集与封存技术。

（5）推动使用碳中和金融工具及加强碳中和管理制度和体系建设。多措并举，推进数据中心的减碳进程：通过技术升级提高能源效率；并且选择可再生能源。减少产品生命周期的整体碳排放：使用环保材料，以在电子设备生产过程中更多地使用可回收材料或低碳材料；在生产流程应用碳减排生产技术；设计节能产品，推广节能举措。控制办公场所用电：进一步优化场地能源结构；选取可持续建材，并保证能效水平。

第六节　本章小结

本章在阐述本研究典型工业城市碳达峰碳中和研究模型的基础上，分析了重庆长时间尺度下的经济社会发展态势，阐述并模拟了在双碳背景下重庆的低碳发展目标情景，进一步研究了碳达峰碳中和两个阶段的主要影响因素和潜力，进而给出了重庆各产业低碳转型的模式与路径。本章对重庆碳达峰碳中和目标下的低碳发展模式和路径进行了深入解析，提出了重庆碳达峰碳中和可持续目标实现模式，研究认为，在保障经济社会持续发展的同时努力实现碳达峰目标，核心是降低单位 GDP 的二氧化碳排放，以"强度"的下降抵消 GDP 增长带来二氧化碳排放的增加，使单位 GDP 碳排放下降率大于 GDP 增长率，即可实现二氧化碳排放达峰。在保障经济社会持续发展的同时努力实现长期碳中和目标主要依靠深度减排，特别是能源系统要实现自身二氧化碳的净零排放，能源系统深度减排的核心对策是建成以新能源和可再生能源为主体的近零排放体系，并引入化石能源发电和工业生产过程中的二氧化碳捕集埋存技术（CCUS）以及生物质发电二氧化碳捕集埋存的负排放技术（BECCS），从而使电力系统在2050年前率先实现二氧化碳净零排放。

促进典型工业城市实现碳达峰碳中和目标实现的主要途径如下：

（1）能源低碳转型，加快能源体系的深度脱碳化，增加非化石能源供应，能源供应向多元化、低碳化、清洁化转化，大力发展可再生能源电力及核电技术，提高低碳/无碳发电供应比例，优化能源结构，在保障能源需求前提下减少二氧化碳排放。

（2）产业技术升级，推广先进节能技术，淘汰落后产能，提高能效，实现技术节能，特别是工业领域的节能，大幅度降低GDP能源强度，控制能源消费总量增长。

（3）构建绿色低碳循环发展的产业体系，以产业转型升级促进能源节约和二氧化碳减排；加强产业结构的调整和优化，增加第三产业比重，抑制煤电、钢铁、水泥、石化、化工等高耗能重化工业的产能扩张，实现结构节能。

（4）未来终端用能部门深度电气化趋势，与当前数字化、智能化发展趋势相结合，将促进工业、建筑、交通等终端部门实现二氧化碳近零乃至净零排放。

（5）提高能源运输效率、加工转化效率和能源利用效率，实现精细化深度减排。

　　以重庆低碳发展模式及路径研究为基础，构建工业城市实现达峰与中和目标的政策建议与保障措施，这将是接下来研究的重点。

第 五 章

典型工业城市低碳发展的
政策建议与保障措施

第一节　主要政策与行动

重庆产业以高排放高耗能为主，含钢铁、化工、汽车、冶炼、建材等。因此，为实现重庆碳达峰、碳中和目标，一定要构筑一套低能耗低污染的绿色经济发展体系，在能源体系、社会经济体系、技术体系等方方面面实现巨大转变。

一、能源绿色低碳转型政策与行动

在典型工业城市中，能源绿色低碳转型行动是最重要的环节。构建多能互补的清洁能源体系，促进源网荷储一体化，有计划地实施可再生能源替代化石能源，安全降碳，公平转型，保障能源安全清洁供应与社会稳定可持续发展。

（一）推进煤炭安全可持续转型升级和消费替代

在碳达峰的前十年窗口期，要加快收益回收，超前谋划发展与转型协同布局，为煤炭行业转型与碳减排做好资金、技术、人才各方面的储备，实施煤炭清洁高效利用的碳减排路径，在"十四五"时期严格合理控制煤炭消费增长，"十五五"时期逐步减少，到2050年让燃煤电站自然淘汰，有序实现煤炭工业和谐转型。

主要政策举措如下：

（1）通过能源双控政策，有序淘汰煤电落后产能，加快现役机组节能升级和灵活性改造，积极推进供热改造。

（2）严格控制新增煤电项目，新建机组煤耗标准达到国际先进水平，推动煤电向基础保障性和系统调节性电源并重转型。

（3）限制跨区内输可再生能源电力配套煤电规模，新建通道在2021～2030年期间可再生能源电量比例原则上不低于50%，2030～2050年期间可再生能源电量比例原则上不低于80%。

（4）多措并举，大力推动煤炭清洁利用，推动重点用煤行业减煤限煤，积极有序推进燃煤替代，逐步减少直至禁止煤炭散烧。

（5）鼓励煤炭企业积极介入新能源行业，为煤炭生产、燃煤发电与新能源发电的协同发展创造条件，一定程度上将行业间竞争转化为部分内部协作问题。

（二）合理有序地加快可再生能源和清洁能源的部署和发展，建成以可再生能源和清洁能源为主体的可持续能源体系

主要举措如下：

（1）因地制宜加快清洁能源发展。在符合环境保护要求下，根据当地的资源禀赋，合理有序地推进风电、太阳能、生物质发电、生物质能清洁供暖和生物天然气的开发和高质量发展，推动西南地区水电与风电、太阳能发电协同互补，坚持集中式与分布式并举，加快智能光伏、智能风电、智能生物质产业创新升级和特色应用，创新"光伏＋"多元模式与多元布局。

（2）合理有序调整油气消费规模，促进燃油清洁使用。逐步调整汽油消费规模，大力推进先进生物液体燃料、可持续航空燃料等替代传统燃油，提升终端燃油产品能效。加快推进页岩气、煤层气、致密油（气）等非常规油气资源规模化开发。有序引导天然气消费，优化利用结构，优先保障民生用气，大力推动天然气与多种能源融合发展，因地制宜建设天然气调峰电站，合理引导工业用气和化工原料用气，支持车船使用液化天然气作为燃料。

（3）积极安全有序发展核电。合理确定核电站布局和开发时序，在确保安全的前提下有序发展核电，保持平稳建设节奏。加大核电标准化、自主化力度，加快关键技术装备攻关，培育高端核电装备制造产业集群。实行最严格的安全标准和最严格的监管，持续提升核安全监管能力。

（4）加快源网荷储一体化的多能互补能源系统建设。构建新能源占比逐渐提高的新型能源系统，推动清洁能源资源大范围优化配置。大力提升能源系统综合调节能力，加快灵活调节能建设，引导自备电厂、传统高载能工业负荷、工商业可中断负荷、电动汽车充电网络、虚拟电厂等参与系统调节；积极发展"新能源＋储能"、源网荷储一体化和多能互补，支持分布式新能源合理配置储能系统。合理部署抽水蓄能、长效储能、跨季节储能；通过数字孪生等手段来解决新能源消纳过程中带来的能源系统不稳定性和安全性问题，提升配网可靠性和智能化，挖掘更多终端用户碳中和数字化应用场景，提升行业数字化水平，推动可持续发展，使能源从"供能服务"向"供能＋能效服务"转型；推进网电价市场化改革，完善可再生能源消纳保障机制。

（三）提升能源效率，完善能源消费强度和总量双控制度，促进节能降碳增效

（1）在城市全面提升节能管理能力。推行用能预算管理，强化固定资产投资项目节能审查，对项目用能和碳排放情况进行综合评价，从源头推进节能降碳。提高节能管理信息化水平，完善重点用能单位能耗在线监测系统，建立城市行业性节能技术推广服务平台，推动高耗能企业建立能源管理中心。完善能源计量体系，鼓励采用认证手段提升节能管理水平。加强节能监察能力建设，建立跨部门联动机制，综合运用行政处罚、信用监管、绿色电价等手段，增强节能监察约束力。

（2）在城市实施节能降碳重点工程。实施城市节能降碳工程，开展建筑、交通、照明、供热等基础设施节能升级改造，推进先进绿色建筑技术示范应用，推动城市综合能效提升。实施园区节能降碳工程，以高耗能高排放项目（以下称"两高"项目）集聚度高的园区为重点，推动能源系统优化和梯级利用，打造一批达到国际先进水平的节能低碳园区。实施重点行业节能降碳工程，推动电力、钢铁、有色金属、建材、石化化工等行业开展节能

降碳改造，提升能源资源利用效率。实施重大节能降碳技术示范工程，支持已取得突破的绿色低碳关键技术开展产业化示范应用。

（3）加强新型基础设施节能降碳。优化新型基础设施空间布局，统筹谋划、科学配置数据中心等新型基础设施，避免低水平重复建设。优化新型基础设施用能结构，采用直流供电、分布式储能、"光伏＋储能"等模式，探索多样化能源供应，提高非化石能源消费比重。对标国际先进水平，加快完善通信、运算、存储、传输等设备能效标准，提升准入门槛，淘汰落后设备和技术。加强新型基础设施用能管理，将年综合能耗超过 1 万吨标准煤的数据中心全部纳入重点用能单位能耗在线监测系统，开展能源计量审查。推动既有设施绿色升级改造，积极推广使用高效制冷、先进通风、余热利用、智能化用能控制等技术，提高设施能效水平。

二、社会经济绿色转型发展政策与行动

工业是典型工业城市产生碳排放的主要领域之一，对推进全国整体实现碳达峰具有重要影响。工业城市要加快绿色低碳转型和高质量发展，力争率先实现碳达峰及碳中和。

（一）推动工业领域绿色低碳发展

优化产业结构，加快退出落后产能，大力发展战略性新兴产业，加快传统产业绿色低碳改造。促进工业能源消费低碳化，推动化石能源清洁高效利用，提高可再生能源应用比重，加强电力

需求侧管理，提升工业电气化水平。深入实施绿色制造工程，大力推行绿色设计，完善绿色制造体系，建设绿色工厂和绿色工业园区。推进工业领域数字化智能化绿色化融合发展，加强重点行业和领域技术改造。

（二）坚决遏制"两高"项目盲目发展

采取强有力措施，对"两高"项目实行清单管理、分类处置、动态监控。全面排查在建项目，对能效水平低于本行业能耗限额准入值的，按有关规定停工整改，推动能效水平应提尽提，力争全面达到国内乃至国际先进水平。科学评估拟建项目，对产能已饱和的行业，按照"减量替代"原则压减产能；对产能尚未饱和的行业，按照国家布局和审批备案等要求，对标国际先进水平提高准入门槛；对能耗量较大的新兴产业，支持引导企业应用绿色低碳技术，提高能效水平。深入挖潜存量项目，加快淘汰落后产能，通过改造升级挖掘节能减排潜力。强化常态化监管，坚决拿下不符合要求的"两高"项目。

（三）推动难减排行业的工艺革新和深度减排

（1）对钢铁行业，加强供给侧结构性改革，促进钢铁行业结构优化和清洁能源替代，推进存量优化，淘汰落后产能，大力推进非高炉炼铁技术示范，提升废钢资源回收利用水平，推行全废钢电炉工艺，推广先进适用技术，深挖节能降碳潜力，鼓励钢化联产，探索开展氢冶金、二氧化碳捕集利用一体化等试点示范，推动低品位余热供暖发展。

（2）对有色金属行业，巩固化解电解铝过剩产能成果，严格执行产能置换，严控新增产能。推进清洁能源替代，提高水电、风电、太阳能发电等应用比重。加快再生有色金属产业发展，完善废弃有色金属资源回收、分选和加工网络，提高再生有色金属产量。加快推广应用先进适用绿色低碳技术，提升有色金属生产过程余热回收水平，推动单位产品能耗持续下降。

（3）对建材行业，加快低效产能退出，严禁新增水泥熟料、平板玻璃产能，引导建材行业向轻型化、集约化、制品化转型；鼓励建材企业使用粉煤灰、工业废渣、尾矿渣等作为原料或水泥混合材；加快推进绿色建材产品认证和应用推广，加强新型胶凝材料、低碳混凝土、木竹建材等低碳建材产品研发应用；推广节能技术设备，开展能源管理体系建设，实现节能增效。

（4）对石化化工行业，优化产能规模和布局，加大落后产能淘汰力度，有效化解结构性过剩矛盾。严格项目准入，合理安排建设时序，严控新增炼油和传统煤化工生产能力，稳妥有序发展现代煤化工。引导企业转变用能方式，鼓励以电力、天然气等替代煤炭。调整原料结构，控制新增原料用煤，拓展富氢原料进口来源，推动石化化工原料轻质化。优化产品结构，促进石化化工与煤炭开采、冶金、建材、化纤等产业协同发展，加强炼厂干气、液化气等副产气体高效利用。鼓励企业节能升级改造，推动能量梯级利用、物料循环利用。

（四）全面提高资源利用效率，促进减少资源消耗和降碳的协同

（1）推进产业园区循环化发展。以提升资源产出率和循环利

用率为目标，优化园区空间布局，开展园区循环化改造。推动园区企业循环式生产、产业循环式组合，组织企业实施清洁生产改造，促进废物综合利用、能量梯级利用、水资源循环利用，推进工业余压余热、废气废液废渣资源化利用，积极推广集中供气供热。搭建基础设施和公共服务共享平台，加强园区物质流管理。

（2）加强大宗固废综合利用。提高矿产资源综合开发利用水平和综合利用率，以煤矸石、粉煤灰、尾矿、共伴生矿、冶炼渣、工业副产石膏、建筑垃圾、农作物秸秆等大宗固废为重点，支持大掺量、规模化、高值化利用，鼓励应用于替代原生非金属矿、砂石等资源。在确保安全环保前提下，探索将磷石膏应用于土壤改良、井下充填、路基修筑等。推动建筑垃圾资源化利用，推广废弃路面材料原地再生利用。加快推进秸秆高值化利用，完善收储运体系，严格禁烧管控。加快大宗固废综合利用示范建设。

（3）健全资源循环利用体系。完善废旧物资回收网络，推行"互联网＋"回收模式，实现再生资源应收尽收。加强再生资源综合利用行业规范管理，促进产业集聚发展。高水平建设现代化"城市矿产"基地，推动再生资源规范化、规模化、清洁化利用。推进退役动力电池、光伏组件、风电机组叶片等新兴产业废物循环利用。促进汽车零部件、工程机械、文办设备等再制造产业高质量发展。加强资源再生产品和再制造产品推广应用。

（4）大力推进生活垃圾减量化资源化。扎实推进生活垃圾分类，加快建立覆盖全社会的生活垃圾收运处置体系，全面实现分类投放、分类收集、分类运输、分类处理。加强塑料污染全链条治理，整治过度包装，推动生活垃圾源头减量。推进生活垃圾焚烧处理，降低填埋比例，探索适合我国厨余垃圾特性的资源化利用技术。推进污水资源化利用。

（5）提升设备能效标准，推进重点用能设备节能增效。以电机、风机、泵、压缩机、变压器、换热器、工业锅炉等设备为重点，建立以能效为导向的激励约束机制，加快淘汰落后低效设备，加强重点用能设备节能审查和日常监管，强化生产、经营、销售、使用、报废全链条管理，确保能效标准和节能要求全面落实。

三、绿色低碳科技创新政策与行动

在典型工业城市，需要充分发挥科技创新的支撑引领作用，完善科技创新体制机制，强化创新能力，加快工业产业的绿色低碳科技革命。

（一）鼓励高等学校、科研单位、国有企业开展低碳零碳负碳关键核心技术攻关

强化企业创新主体地位，引导企业、高等学校、科研单位共建绿色低碳产业创新中心，实施一批具有前瞻性、战略性的国家重大前沿科技项目，推动低碳零碳负碳技术装备研发取得突破性进展。聚焦化石能源绿色智能开发和清洁低碳利用、可再生能源大规模利用、新型电力系统、节能、氢能、储能、动力电池、二氧化碳捕集利用与封存等重点，深化应用基础研究。结合重庆本地优势资源，推进新能源颠覆性技术突破与先进性技术的试点应用。鼓励研发高效率的多能源类型制备绿氢技术，推动液氢在制

取、储运、加注过程中关键部件及装备的技术升级。研发新型微风高效风能转换装置及关键技术，建立新型叶片动态仿真模型和设计方法。攻克低密度光伏发电技术，研发太阳能高效光热转换光技术，开展有机/钙钛矿太阳能电池、镁二次电池等产品及装备研发。创新推进生物质高效率发电技术，促进生物质向化工原材料定向高效转化技术突破。研发低品位地热提升技术，扩大江水源热泵及空气源热泵技术应用。

（二）加快先进适用技术研发和推广应用

集中力量开展复杂大电网安全稳定运行和控制、大容量风电、高效光伏、大功率液化天然气发动机、大容量储能、低成本可再生能源制氢、低成本二氧化碳捕集利用与封存等技术创新，加快碳纤维、气凝胶、特种钢材等基础材料研发，补齐关键零部件、元器件、软件等短板。推广先进成熟绿色低碳技术，开展示范应用。建设全流程、集成化、规模化二氧化碳捕集利用与封存示范项目。推进熔盐储能供热和发电示范应用。坚持以市场为导向，更大力度推进节能低碳技术研发推广应用，加快氢能技术研发和示范应用，探索在工业、交通运输、建筑等领域规模化应用；加快推进规模化储能、氢能、碳捕集利用与封存等技术发展，推动数字化信息化技术在节能、清洁能源领域的创新融合。研发智慧能源关键技术及装备，研究基于大数据、人工智能等分布式能源控制理论与方法，突破互联网＋大数据分析的能源装备运行动态评估、故障预测、安全防御等关键新技术，研究冷－热－电－气、源－网－荷－储一体化的综合能源转换利用及平台开发，建成西部山地特色多能智慧互联互补能源转换与利用示范村（工业园），推动能源领域数字经济发展，服务国家智慧能源体系构建。

（三）重点开展电力、冶金、建材、化工等重点高耗能、高排放行业能源电气化、生产全过程深度脱碳等绿色生产技术研究与工程应用

开展电力、冶金、建材、化工等重点行业细颗粒物、臭氧、温室气体协同减排关键技术攻关。突破煤电高参数高效燃烧与能量转化、复杂燃煤烟气污染物协同减排、氢气直接还原、全氢能冶炼等重大关键技术难题。推进富氢超低排放助熔、全氧燃烧技术与降碳技术研究，开展全氢能冶炼关键装备开发。推动氨、甲醇等化工行业的绿氢应用。建立重点工业行业深度减排脱碳工程示范。开展电力、冶金、建材、化工等行业节能及余热深度高效利用技术创新。开展可再生能源与余热余能高效协同回收利用关键技术攻关，实现可再生能源利用技术的颠覆性突破，开发相关关键材料与成套设备，助力规模化应用。开展全氢能冶炼余热深度高效利用装备开发。建立典型工业生产能源梯级利用系统及技术创新示范园，在重庆长寿经开区等园区开展重点工业行业余能余热深度利用与低碳生产示范。推进重点行业智慧化产业升级。加快信息技术在重点行业生产过程节能减排的应用创新。建立多维度工序能源消耗和优化模型，研究和推进相关产业大型化、数字化、智能化相关技术。加快推进电解还原、氧气高炉、非高炉冶炼、全废钢电炉冶炼等技术的绿色智能化生产。突破灵活智能调峰燃煤发电技术、生物质能源、非化石能源在重点行业高效利

用与绿色智能生产技术瓶颈。

（四）加强绿色低碳科技创新服务

鼓励设施、数据等资源开放共享；推进绿色技术交易中心建设，加快创新成果转化；加强绿色低碳技术和产品知识产权保护，完善绿色低碳技术和产品检测、评估、认证体系。优化贸易结构，大力发展高质量、高技术、高附加值绿色产品贸易。加强绿色标准国际合作，推动落实合格评定合作和互认机制，做好绿色贸易规则与进出口政策的衔接。加强节能环保产品和服务进出口。加大绿色技术合作力度，推动开展可再生能源、储能、氢能、二氧化碳捕集利用与封存等领域科研合作和技术交流，积极参与国际热核聚变实验堆计划等国际大科学工程。深化绿色金融国际合作，积极参与碳定价机制和绿色金融标准体系国际宏观协调，与有关各方共同推动绿色低碳转型。

（五）推进绿色科技合作与创新行动计划

加强与国际顶级研究机构合作，共建"一带一路"国家的绿色基建、绿色能源、绿色金融等领域合作，提高境外项目环境可持续性，打造绿色、包容的"一带一路"能源合作伙伴关系，扩大新能源技术和产品出口。

（六）健全低碳发展体制机制

加快完善有利于绿色低碳技术创新发展的价格、财税、金融等经济政策，推动合同能源管理、污染第三方治理、环境托管等服务模式创新发展。

具体政策措施见表 5 - 1。

表 5 - 1　　　　　典型工业城市低碳发展的主要政策措施

政策分类	政策名称	可持续碳达峰碳中和政策
能源	煤炭安全可持续转型升级	严格控制新增煤电项目，新建机组煤耗标准达到国际先进水平
		有序淘汰煤电落后产能，加快现役机组节能升级和灵活性改造，积极推进供热改造，2035 年起提前退役机组，到 2050 年政策执行力度达到 100%
	燃煤燃油消费替代	推动重点用煤行业减煤限煤
		加强电气化，在工业、交通、建筑等终端消费用电取代煤和燃油
		积极有序推进散煤替代，逐步减少直至禁止煤炭散烧
	可再生能源配额制	2020 年重庆火力发电量占 69.05%，水力发电占 28.77%，风力发电占 1.69%，太阳能发电占 0.48%，可再生能源发电量（含水电、生物质发电、垃圾发电、风电、光伏发电和核电）占全市发电量比例为 30.95%。根据国家总体部署和重庆"十四五"规划，重庆 2025 年非化石能源消费比重达到 23% 左右，大宗工业固体废物资源化利用率达到 70%，2030 年非化石能源消费比重达到 25% 左右，2060 年非化石能源消费比重达到 80% 以上
	达成额外需求响应潜力比例	从 2020 年起，需求响应能力逐渐提升，提升比例与研发力度和技术进步匹配
	额外储能电池年增长比例	在当前储能能力基础上增长，2030 年增长比例为 12%，2060 年增长比例为 20%，从 2020 年执行（比例为 1）
	电力调入的变化	建立互联互通的能源互联系统，外来绿电比 2025 年达到 50% 以上，2035 年外来绿电达到 80% 以上
	能源效率提升	从 2020 年起，能源效率逐渐提升，提升比例与研发力度和技术进步匹配

续表

政策分类	政策名称	可持续碳达峰碳中和政策
工业	提高工业效能标准	到 2050 年，通过技术手段、管理手段等，使工业各行业能效较参考情景提高 30%（除煤炭开采），到 2050 年，通过技术手段、管理手段等，使工业各行业能效较参考情景提高 50%（除煤炭开采）
	工业燃料替代	水泥和其他碳酸盐的使用，2030 年（该项政策下各行业均为 2050 年）煤炭、天然气、油品为 50%，被替代水泥和其他碳酸盐的使用，2050 年（该项政策下各行业均为 2050 年）煤炭、天然气、油品 100% 被替代
		2030 年油气加工行业，煤炭、天然气、油品 50% 被替代；2060 年油气加工行业，煤炭、天然气、油品 100% 被替代
		2030 年钢铁行业，煤炭、天然气的 50% 被替代，2060 年钢铁行业，煤炭、天然气、油品 100% 被替代
		2030 年化工行业，煤炭、天然气 58% 被替代，2060 年化工行业，煤炭、天然气、油品 100% 被替代
		2030 年水 + 废弃物处理行业，煤炭 100% 被替代；2060 年水 + 废弃物处理行业，煤炭、天然气、油品 100% 被替代
		2030 年农业，煤炭、天然气、油品 20% 被替代，2060 年农业，煤炭、天然气、油品 100% 被替代
		2030 年其他工业行业，煤炭 100% 被替代，天然气、油品 50% 被替代，2060 年其他工业行业，煤炭、天然气、油品 100% 被替代
	降低工业产品需求	2030 年水泥、钢铁、化工、水 + 废弃物行业通过回收利用，延长材料寿命，降低工业产品需求 10%，2060 年水泥、钢铁、化工、水 + 废弃物行业的工业产品需求降低 25%，加强科技投入、延长材料寿命、强化环境税征收、限制工业产品消费等措施，参考相关文献设定
研发	减少化石燃料使用，减少化石燃料投资成本	禁止海外投资燃煤电站，燃油汽车禁售，鼓励新能源汽车研发
	投入低碳技术和负碳技术	优化低碳技术创新的财政投入；扩大低碳技术研发和应用的税收优惠；发挥政府采购的示范引导作用，完善国家绿色采购相关法律；增强对碳捕获、利用与封存（CCUS）的专项财政激励，设立专项扶持资金，探索税收减免差异化补贴等

第二节　保障措施

一、加强组织领导

成立以城市市长牵头的政府领导为组长，相关市级部门为成员的行动领导小组，统筹协调碳达峰碳中和科技创新的重大事项。做好与全市实现碳达峰碳中和总目标的协调工作，按"项目化""清单化"，细化重点任务。按照相关评估督导机制，将重点任务纳入市级部门、区县政府（开发区管委会）、工业园区年度目标绩效考核。

二、强化联动协同

积极对接国家发改委、科技部，经信委，力争将碳达峰碳中和科技创新专项纳入部市会商议题，部市联动组织实施国家重点研发计划重点专项。加强川渝协同，加快创建联合研究中心，探索建设成渝地区双城经济圈碳中和示范区，形成两地碳排放管理与循环经济建设协同机制。进一步完善市科技局和市发展改革委、市生态环境局、市能源局、市经信委等行业主管部门协同施策机制，重点解决碳达峰碳中和的重大科技问题和行业应用。

三、加大政策支持

探索碳达峰碳中和技术路线、重点行业绿色转型等相关政策。制定出台重点工业行业产业升级与绿色转型的支撑政策；建立全市建立碳达峰碳中和实施效果动态评估机制。开展群众性科学普及，鼓励高等院校、科研机构和企业建设碳达峰碳中和科普教育基地。

一是要推进气候变化立法，以法律形式保障碳中和目标的实现。

二是深化能源和碳排放管理体制改革，强化各级政府节能降碳各项指标和任务的目标责任制，建立和完善国家和省市层面部门协调机制，形成各部门各地方推进能源和经济低碳转型的合力。

三是完善支撑低碳转型的政策体系，随着非化石能源在总能源消费中比例迅速提高，应逐渐以 GDP 的二氧化碳强度下降和碳排放总量的双控机制整合或取代能源强度和能源消费总量控制制度，以企业碳排放配额制度取代用能权制度，并发展和完善相应财税金融政策支撑体系。

四是加强碳排放权交易市场建设，尽快把碳市场覆盖范围扩大到钢铁、水泥、炼铝、石化、化工、有色、航空等高耗能行业，并逐渐以碳排放权交易整合和取代用能权交易。

五是支持和鼓励各地方企业和社会各界自下而上开展低碳行动，企业自愿承担社会责任，公众自觉践行绿色低碳生活方式和消费方式，制定相应激励措施，促进低碳社会建设。

六是开展务实国际合作，特别是"一带一路"建设中应对气候变化南南合作，强化绿色"一带一路"政策导向。探索与美国和欧盟在建筑节能、新能源汽车、氢能、储能、二氧化碳捕集埋存（CCS）、智能电网、零碳炼钢、氢基化工、农林业减源增汇等领域的务实合作和智库间的交流与对话，并探讨共同推进对最不发达国家的适应和减缓气候变化的支持与合作，为共建全球生态文明、构建人类命运共同体做出中国的努力和贡献（何建坤，2019；王海林等，2020）。

四、落实经费保障

强化专项资金安排与碳达峰碳中和联动机制，充分调动各区县和相关工业行业企业开展碳减排工作的积极性，争取中央专项资金、市级财政投入、相关行业领域自筹资金，共同支撑关键技术研发、系统平台建设和重点示范工程的落地和实施。

第三节 本章小结

本章从能源绿色低碳转型政策与行动、社会经济绿色转型发展政策与行动、绿色低碳科技创新政策与行动三个方面，全面构建了工业城市实现达峰与中和目标的政策建议，并从加强组织领导、强化联动协同、加大政策支持、落实经费保障四个方面，提出实现典型工业城市低碳发展的保障措施。

参 考 文 献

[1] 董丽晶，张平宇. 老工业城市产业转型及其就业变化研究——以沈阳市为例 [J]. 地理科学，2008 (2): 162 - 168.

[2] 高俊莲，姜克隽，刘嘉，等. 基于 LEAP 模型的中国煤炭需求情景分析 [J]. 中国煤炭，2017，43 (4): 23 - 27.

[3] 关皓明，张平宇，刘文新，李静. 基于演化弹性理论的中国老工业城市经济转型过程比较 [J]. 地理学报，2018，73 (4): 771 - 783.

[4] 国务院. 关于完整准确全面贯彻新发展理念做好碳达峰碳中和工作的意见 [EB/OL]. http://www.gov.cn/zhengce/2021 - 10/24/content_5644613.htm，[2021 - 09 - 22].

[5] 国务院. 2030 年前碳达峰行动方案 [EB/OL]. http://www.gov.cn/zhengce/content/2021 - 10/26/content _ 5644984.htm，[2021 - 10 - 24].

[6] 国新办.《中国应对气候变化的政策与行动》白皮书 [EB/OL]. http://www.scio.gov.cn/ztk/dtzt/44689/47315/index.htm，[2021 - 10 - 27].

[7] 何建坤. 全球气候治理新形势及我国对策 [J]. 环境经济

研究，2019，4（3）：1-9. DOI：10.19511/j. cnki. jee. 2019. 03. 001.

［8］何建坤．碳中和目标将引发未来经济发展模式的根本性变革［EB/OL］．人民网，http：//env. people. com. cn/n1/2021/0202/c1010-32020283. html，［2021-02-02］．

［9］胡秀莲，姜克隽．减排对策分析：AIM/能源排放模型［J］.中国能源，1998（11）：17-22.

［10］姜克隽. IPCC 第三工作组第六次评估报告：全球减缓走向何方？［J］. 气候变化研究进展，2020，16（2）：251-252.

［11］姜克隽，向翩翩，贺晨旻，冯升波，刘昌义，谭新，陈莎，代春艳，邓良辰．零碳电力对中国工业部门布局影响分析［J］.全球能源互联网，2021，4（1）：5-11.

［12］李际，樊慧娴. 2017 年我国电力发展形势及 2018 年展望［J］. 中国能源，2018，40（1），5.

［13］李继尊，姜克隽．基于 IPAC-SGM 模型的高油价影响分析及政策建议［J］. 中国物价，2007（4）：29-31.

［14］李俊峰．把握"双碳"机遇［J］. 国企管理，2021（6）：18-19.

［15］李永荣，安小雷．重庆在长江经济带开发建设中的地位和作用研究［J］. 企业改革与管理，2017（5）：222+224.

［16］刘佳佳．基于可持续发展的淄博工业城市转型研究［D］.曲阜：曲阜师范大学，2018.

［17］孟祥凤，王冬艳，李红．东北老工业城市建设占用耕地驱动力分析［J］. 农业工程学报，2018，34（11）：225-233.

［18］孙猛．经济增长视角下的中国碳排放及减排绩效研究

[D]. 长春：吉林大学，2014.

[19] 王成金，王伟. 中国老工业城市的发展状态评价及衰退机制 [J]. 自然资源学报，2013，28（8）：1275 - 1288.

[20] 王海林，黄晓丹，赵小凡等. 全球气候治理若干关键问题及对策 [J]. 中国人口·资源与环境，2020，30（11）：26 - 33.

[21] 王颖. 区域工业化理论与实证研究 [D]. 长春：吉林大学，2005.

[22] 吴唯，张庭婷，谢晓敏，黄震. 基于 LEAP 模型的区域低碳发展路径研究——以浙江省为例 [J]. 生态经济，2019，35（12）：19 - 24.

[23] 项目综合报告编写组.《中国长期低碳发展战略与转型路径研究》综合报告 [J]. 中国人口·资源与环境，2020，30（11）：1 - 25.

[24] 闫联飞. 重庆发展内陆开放型经济研究 [D]. 重庆：中共重庆市委党校，2014.

[25] 中国《联合国气候变化框架公约》国家联络人. 中国落实国家自主贡献成效和新目标新举措 [R].［2021 - 10 - 29］.

[26] An R Y, et al. Potential of energy savings and CO_2 emission reduction in China's iron and steel industry [J]. Applied Energy, 2018, 226: 862 - 880.

[27] Cai W, Hui J, Wang C, et al. The Lancet Countdown on PM2. 5 pollution-related health impacts of China's projected carbon dioxide mitigation in the electric power generation sector under the Paris Agreement: A modelling study [J]. Lancet Planetary Health, 2018, 2（4）：

151 – 161.

［28］ Chen Q, Cai B F, Dhakal S, et al. CO$_2$ emission data for Chinese cities ［J］. Resources, Conservation and Recycling, 2017, 126: 198 – 208.

［29］ Edenhofer O, et al. Climate change 2014: mitigation of climate change ［M］. Cambridge University Press, 2015.

［30］ IEA. World Energy Outlook 2018 ［R］. Paris, International Energy Agency, 2018.

［31］ IEA. World Energy Outlook 2016 ［R］. Paris, International Energy Agency, 2016.

［32］ Inter-government Panel on Climate Change. AR5 Working Group II (WGII) Report.

［33］ Lee S, et al. An economic assessment of carbon tax reform to meet Japan's NDC target under different nuclear assumptions using the E3ME model ［J］. Environmental Economics and Policy Studies, 2018, 20 (2): 411 – 429.

［34］ Li H, Mu H, Zhang M, et al. Analysis of regional difference on impact factors of China's energy related CO$_2$ emissions ［J］. Energy, 2012, 39 (1): 319 – 326.

［35］ Li J, Luo R, Yang Q, et al. Inventory of CO$_2$ emissions driven by energy consumption in Hubei Province: A time-series energy input-output analysis ［J］. Frontiers of Earth Science, 2016, 10 (4): 717 – 730.

［36］ Oberschelp C, Pfister S, Raptis C, et al. Global emission hotspots of coal power generation ［J］. Nature Sustainability, 2019 (2)：113 – 121.

［37］Qi J, Zheng B, Li M, et al. A high-resolution air pollutants emission inventory in 2013 for the Beijing – Tianjin – Hebei region, China ［J］. Atmospheric Environment, 2017, 170：156 – 168.

［38］Shan Y, Guan D, Hubacek K, et al. City-level climate change mitigation in China ［J］. Science Ddvances, 2018, 4 (6)：eaaq0390.

［39］Shan Y, Guan D, Liu J, et al. Methodology and applications of city level CO_2 emission accounts in China ［J］. Journal of Cleaner Production, 2017, 161：1215 – 1225.

［40］Shan Y, Guan Y, Hang Y, et al. City-level emission peak and drivers in China ［J］. Science Bulletin, 2022, 67 (18)：1910 – 1920.

［41］Shan Y, Liu J, Liu Z, et al. An emissions-socioeconomic inventory of Chinese cities ［J］. Scientific Data, 2019, 6 (1)：1 – 10.

［42］Shi K, Yu B, Zhou Y, et al. Spatiotemporal variations of CO_2 emissions and their impact factors in China：A comparative analysis between the provincial and prefectural levels ［J］. Applied Energy, 2019, 233：170 – 181.

［43］Tian J, Shan Y, Zheng H, et al. Structural patterns of city-level CO_2 emissions in Northwest China ［J］. Journal of Cleaner Production, 2019, 223：553 – 563.

［44］Wang C, et al. Has China's coal consumption already peaked?

A demand-side analysis based on hybrid prediction models ［J］. Energy, 162, 2018: 272 - 281.

［45］ Wang H L, Ou X M, et al. Mode, technology, energy consumption, and resulting CO_2 emissions in China's transport sector up to 2050 ［J］. Energy Policy, 2017, 109: 719 - 733.

［46］ Wang Q, Li R. Decline in China's coal consumption: An evidence of peak coal or a temporary blip? ［J］. Energy Policy, 2017, 108: 696 - 701.

［47］ Yu W, Pagani R, Huang L. CO_2 emission inventories for Chinese cities in highly urbanized areas compared with European cities ［J］. Energy Policy, 2012, 47: 298 - 308.

［48］ Zheng J, Yin S, Kang D, et al. Development and uncertainty analysis of a high-resolution NH_3 emissions inventory and its implications with precipitation over the Pearl River Delta region, China ［J］. Atmospheric Chemistry and Physics, 2012, 12 (15): 7041 - 7058.

附　　录

附录 A　重庆纳入 2019～2020 年全国碳排放权交易配额管理的重点排放单位名单

攀钢集团重庆钛业有限公司

东方希望重庆水泥有限公司

华电国际电力股份有限公司奉节发电厂

重庆华峰化工有限公司

重庆中机龙桥热电有限公司

重庆白涛化工园区能通建设开发有限责任公司

国家电投集团重庆合川发电有限公司

重庆合川盐化工业有限公司

华能重庆珞璜发电有限责任公司

玖龙纸业（重庆）有限公司

国家电投集团重庆白鹤电力有限公司

华能重庆两江燃机发电有限责任公司

重庆市南川区先锋氧化铝有限公司

重庆市南川区水江氧化铝有限公司

重庆旗能电铝有限公司

重庆松藻电力有限公司

重庆市建新发电有限责任公司

重庆大唐国际石柱发电有限责任公司

双钱集团（重庆）轮胎有限公司

国电重庆恒泰发电有限公司

神华神东电力重庆万州港电有限责任公司

重庆索特盐化股份有限公司

重庆理文造纸有限公司

重庆松溉发电有限公司

云阳盐化有限公司

威立雅长扬热能（重庆）有限责任公司

中国石化集团重庆川维化工有限公司

重庆化医恩力吉投资有限责任公司

重庆千信能源环保有限公司

重庆永荣矿业有限公司

重庆市蓬威石化有限责任公司

附录 B 工艺技术参数

附表 B-1   钢铁工业技术参数

技术	技术指标	技术比例			
		2005 年	2020 年	2030 年	2050 年
新型高炉		68%	80%	100%	100%
高炉顶压发电		34%	100%	100%	100%
高炉气回收			70%	90%	100%
大型先进焦炉	产出率为82%，产焦炉气 760Mcal	36%	55%	80%	95%
焦炉气回收		67%	100%	100%	100%
高炉 250 公斤喷煤	替代焦炭				100%
干熄焦	吨焦回收 190Mcal		60%	80%	100%
120 吨以上直流/交流电弧炉		34%	75%	95%	100%
转炉气回收	转炉负能炼钢，-16 公斤标煤/吨钢	16%	78%	95%	100%
连铸连轧	节能75%	88%	95%	98%	100%
热装热送	节能47%	37%	85%	95%	100%
新型加热炉	节能30%	25%	70%	90%	100%

附表 B－2　　　　　　水泥工业技术参数

技术	技术指标	技术比例		
		2020 年	2030 年	2050 年
新型干法水泥	104kgce/吨熟料	90%	100%	100%
余热回收	34kWh/t 熟料	80%	100%	100%
废渣掺合熟料制水泥	基本不耗能	20%	30%	40%

附表 B－3　　　　　　玻璃制造节能技术

技术	技术指标	技术比例		
		2020 年	2030 年	2050 年
先进浮法	15kgce/重量箱	40%	70%	100%
余热回收	2.5t/h 蒸汽	60%	90%	100%
先进的熔窑设计技术	熔化率提高 18%	40%	70%	100%

附表 B－4　　　　　　砖瓦制造工艺节能技术

技术	技术指标	技术比例		
		2020 年	2030 年	2050 年
空心内燃隧道窑	煤 35Mcal/千块 电 2.8Mcal/千块	70%	90%	100%
新材料砖	节能 25%	20%	30%	50%

附表 B－5　　　　　　造纸主要节能技术

技术	技术指标	技术比例		
		2020 年	2030 年	2050 年
连续蒸煮	450kgce/吨浆，节能 46%	80%	100%	100%
余热回收	2.5t/h 蒸汽	60%	90%	100%

续表

技术	技术指标	技术比例		
		2020 年	2030 年	2050 年
废纸利用	360kgce/吨纸	44%	50%	60%
热电联产		56%	75%	90%

附表 B-6　　　　　　　　化工技术参数

技术	技术指标	技术比例		
		2020 年	2030 年	2050 年
乙烯原料和高效换热塔	6517Mcal/吨，节能38%	66%	95%	100%
大型合成氨	8500Mcal/吨，最先进6926Mcal/吨	70%	96%	100%
纯碱先进氨碱法	360kgce/吨	50%	54%	54%
纯碱先进联碱法	230kgce/吨	36%	46%	46%
烧碱先进离子膜技术	950kgce/吨	55%	75%	100%
电石先进密闭炉	1300kgce/吨	90%	100%	100%

附表 B-7　　　　　　　　其他工业部门技术参数

技术	技术指标	技术比例		
		2020 年	2030 年	2050 年
高效变频节能电机	30%～45%节电	50%	80%	94%
燃煤高效锅炉	85%到90%效率	60%	85%	90%
高效工业照明	节电45%	70%	95%	98%
热电联产	—	—	—	—
管理节能	15%节能	—	—	—

附录 C

2020 年度纳入重庆碳市场排放单位名单（控排企业名单）

序号	区县	企业名称	曾用名	备注
1	万州区	重庆湘渝盐化股份有限公司	重庆宜化化工有限公司	
2	万州区	重庆万州西南水泥有限公司		
3	万州区	重庆三峡技术纺织有限公司		
4	万州区	重庆飞亚实业有限公司		
5	涪陵区	重庆涪陵聚龙电力有限公司		
6	涪陵区	重庆市东升铝业股份有限公司		
7	涪陵区	太极集团重庆涪陵制药厂有限公司		
8	涪陵区	重庆华峰化工有限公司		
9	涪陵区	重庆建峰工业集团有限公司		
10	涪陵区	重庆建峰化肥有限公司	重庆建峰化工股份有限公司	
11	涪陵区	中粮油脂（重庆）有限公司	重庆新涪食品有限公司	
12	涪陵区	重庆市涪陵金龙有限公司		
13	涪陵区	重庆市涪陵榨菜集团股份有限公司		
14	涪陵区	重庆万达薄板有限公司		
15	涪陵区	重庆市蓬威石化有限责任公司		
16	涪陵区	华新水泥重庆涪陵有限公司		

续表

序号	区县	企业名称	曾用名	备注
17	涪陵区	重庆天原化工有限公司		
18	渝中区	重庆市自来水有限公司		
19	大渡口区	重庆小南海水泥厂		
20	大渡口区	重庆长征重工有限责任公司		
21	大渡口区	重庆国际复合材料有限公司（大渡口基地）		
22	大渡口区	重庆朝阳气体有限公司		
23	大渡口区	重庆钢铁集团矿业有限公司		
24	江北区	重庆中法供水有限公司		
25	江北区	重庆长安汽车股份有限公司		
26	沙坪坝区	重庆小康工业集团股份有限公司		
27	沙坪坝区	重庆渝安创新科技有限公司		
28	九龙坡区	庆铃汽车股份有限公司		
29	九龙坡区	重庆和友实业股份有限公司	重庆和友碱胺实业有限公司	
30	九龙坡区	重庆志成机械有限公司		
31	九龙坡区	西南铝业（集团）有限责任公司		
32	九龙坡区	中铝西南铝板带有限公司		
33	南岸区	重庆昊晟玻璃股份有限公司		
34	南岸区	重庆中烟工业有限责任公司	重庆烟草工业有限责任公司	
35	南岸区	重庆力宏精细化工有限公司		
36	北碚区	重庆庆铃铸造有限公司		
37	北碚区	重庆富皇建材有限公司		
38	北碚区	重庆同兴垃圾处理有限公司		

续表

序号	区县	企业名称	曾用名	备注
39	北碚区	重庆正川医药包装材料股份有限公司		
40	北碚区	重庆三圣实业股份有限公司	重庆三圣特种建材股份有限公司	
41	万盛区	重庆市南桐特种水泥有限责任公司		
42	万盛区	重庆万盛煤化有限责任公司		
43	万盛区	重庆万盛浮法玻璃有限公司		
44	綦江区	重庆綦江西南水泥有限公司		
45	大足区	重庆大足红蝶锶业有限公司		
46	大足区	重庆市大足区金龙水泥有限公司		
47	大足区	国网重庆大足区供电有限责任公司	国网重庆市电力公司大足供电分公司	
48	大足区	重庆碧禄汽车板簧有限公司		
49	双桥经开区	双钱集团（重庆）轮胎有限公司		
50	两江新区	上汽依维柯红岩商用车有限公司		
51	两江新区	重庆啤酒股份有限公司		
52	两江新区	北大医药重庆大新药业股份有限公司		
53	两江新区	长安福特汽车有限公司		
54	两江新区	福耀玻璃（重庆）有限公司		
55	两江新区	重庆渝江压铸有限公司		
56	两江新区	重庆市仁和压铸有限公司		

续表

序号	区县	企业名称	曾用名	备注
57	两江新区	康师傅（重庆）方便食品有限公司		
58	巴南区	恒安（重庆）生活用纸有限公司		
59	巴南区	重庆长安铃木汽车有限公司		
60	巴南区	重庆大江信达车辆股份有限公司		
61	巴南区	重庆锦晖陶瓷有限公司		
62	巴南区	重庆丰盛三峰环保发电有限公司	重庆丰盛环保发电有限公司	
63	黔江区	重庆正阳新材料有限公司		
64	黔江区	重庆武陵硅业有限公司		
65	黔江区	重庆弘扬建材集团弘龙水泥有限公司		
66	黔江区	重庆市黔永硅业有限公司		
67	长寿区	重庆长风化学工业有限公司		
68	长寿区	重庆云天化天聚新材料有限公司	云南水富云天化股份有限公司重庆分公司	
69	长寿区	重庆鑫富化工有限公司		
70	长寿区	扬子江乙酰化工有限公司		
71	长寿区	中国石化集团重庆川维化工有限公司		
72	长寿区	重庆紫光国际化工有限责任公司		
73	长寿区	重庆钢铁股份有限公司		
74	长寿区	重庆天勤材料有限公司		

序号	区县	企业名称	曾用名	备注
75	长寿区	重庆市映天辉氯碱化工有限公司		
76	长寿区	重庆长寿西南水泥有限公司		
77	长寿区	重庆炀焜焰冶金辅料有限公司		
78	长寿区	重庆钢铁能源环保有限公司	重庆千信能源环保有限公司	
79	江津区	重庆焱炼重型机械设备股份有限公司		
80	江津区	重庆国之四维卫浴有限公司	重庆四维卫浴（集团）有限公司	
81	江津区	重庆天助水泥（集团）有限公司		
82	江津区	重庆三五三三印染服装总厂有限公司		
83	江津区	重庆华新地维水泥有限公司	重庆拉法基瑞安地维水泥有限公司	
84	江津区	重庆龙煜精密铜管有限公司		
85	江津区	重庆市江津区石门水泥有限责任公司		
86	江津区	优时吉博罗石膏建材（重庆）有限公司		
87	江津区	重庆光景包装制品有限公司		
88	江津区	重庆潍柴发动机有限公司		
89	江津区	重庆秦安铸造有限公司		
90	江津区	泰山石膏（重庆）有限公司		
91	江津区	玖龙纸业（重庆）有限公司		

续表

序号	区县	企业名称	曾用名	备注
92	江津区	冀东水泥重庆江津有限责任公司		
93	合川区	冀东水泥重庆合川有限责任公司		
94	合川区	重庆金九建材集团有限公司		
95	合川区	重庆太富环保科技集团有限公司	重庆市富丰水泥集团有限公司	
96	合川区	重庆市合川区金星玻璃制品有限公司		
97	合川区	重庆兴宝兴玻璃制品有限公司		
98	合川区	重庆天嘉日用品实业有限公司		
99	合川区	台泥（重庆）水泥有限公司		
100	合川区	重庆顺博铝合金股份有限公司		
101	合川区	重庆华新盐井水泥有限公司	重庆拉法基瑞安特种水泥有限公司	
102	永川区	重庆华新参天水泥有限公司	重庆拉法基瑞安参天水泥有限公司	
103	永川区	重庆兴吉矸砖有限公司		
104	永川区	重庆永福实业有限公司		
105	永川区	重庆理文造纸有限公司		
106	永川区	重庆市渝琥玻璃有限公司		
107	南川区	重庆市南川区海峰水泥有限公司		
108	南川区	重庆市南川区先锋氧化铝有限公司		
109	南川区	重庆市南川区水江氧化铝有限公司		

序号	区县	企业名称	曾用名	备注
110	南川区	重庆市新嘉南建材有限责任公司		
111	璧山区	冀东水泥璧山有限责任公司		
112	璧山区	重庆红旗缸盖制造有限公司		
113	铜梁区	重庆庆龙精细锶盐化工有限公司		
114	铜梁区	重庆铜梁共和水泥有限责任公司		
115	铜梁区	重庆铜梁西南水泥有限公司		
116	潼南区	重庆民丰化工有限责任公司		
117	潼南区	重庆市万利来化工股份有限公司		
118	潼南区	重庆新华化工有限公司		
119	荣昌区	重庆昌元化工集团有限公司	重庆昌元化工有限公司	
120	开州区	重庆星星套装门（集团）有限责任公司		
121	开州区	重庆市欧华陶瓷有限责任公司		
122	开州区	开县开州水泥有限公司		
123	梁平区	梁平县瑞升电化有限责任公司		
124	城口县	重庆市城口县燕山锰业有限责任公司		
125	城口县	重庆市城口县同英锰业有限公司		
126	城口县	城口县通渝铁合金有限公司		
127	城口县	重庆泰正矿产资源开发有限公司	城口县泰正矿产资源开发有限公司	
128	丰都县	东方希望重庆水泥有限公司		
129	丰都县	丰都建典水泥有限公司		

续表

序号	区县	企业名称	曾用名	备注
130	垫江县	重庆捷力轮毂制造有限公司		
131	垫江县	重庆富源化工股份有限公司		
132	垫江县	重庆兴发金冠化工有限公司		
133	武隆区	重庆市山拔尔桑水泥有限责任公司		
134	忠县	重庆海螺水泥有限责任公司		
135	奉节县	奉节县邬家沟建材有限公司	奉节县富发建材制造有限公司	
136	奉节县	奉节县重名水泥有限责任公司		
137	奉节县	奉节县东阳建材有限责任公司		
138	奉节县	奉节县发越建材有限责任公司	奉节县联发砖厂	
139	巫溪县	重庆市渝溪产业（集团）有限公司		
140	石柱县	重庆石柱西南水泥有限公司		
141	秀山县	重庆国耀硅业有限公司		
142	秀山县	秀山县嘉源矿业有限责任公司		
143	秀山县	秀山龙洋硅业有限公司		
144	秀山县	重庆武陵锰业有限公司		
145	秀山县	重庆秀山西南水泥有限公司		
146	秀山县	秀山鑫和硅业有限公司		
147	秀山县	秀山县永发硅业有限公司		
148	酉阳县	重庆武陵光伏材料有限公司		
149	酉阳县	重庆天雄锰业有限公司		
150	彭水县	彭水县茂田能源开发有限公司		
151	高新区	达丰（重庆）电脑有限公司		
152	高新区	华润微电子（重庆）有限公司	中航（重庆）微电子有限公司	

续表

序号	区县	企业名称	曾用名	备注
153	高新区	鸿富锦精密电子（重庆）有限公司		
154	万州区	重庆大全新能源有限公司		停产
155	涪陵区	中化重庆涪陵化工有限公司		关停
156	南岸区	重庆川东化工（集团）有限公司		南岸厂区仅办公设施，暂不纳入地方碳市场
157	北碚区	重庆天府矿业有限责任公司		关停
158	万盛区	重庆能投渝新能源有限公司		关停
159	綦江区	重庆能投渝新能源有限公司（原重庆松藻煤电有限责任公司）		关停
160	渝北区	重庆江北化肥有限公司		关停
161	巴南区	重庆钢铁集团钢管有限责任公司		停产
162	长寿区	建滔天然气化工（重庆）有限公司		关停
163	长寿区	重庆长寿捷圆化工有限公司		关停
164	长寿区	重庆市三灵化肥有限责任公司		关停
165	永川区	重庆渝西矿业集团富家洞煤业有限公司		停产，正在走关停程序
166	永川区	重庆松溉发电有限公司		关停
167	永川区	重庆汇东生物科技有限公司		关停
168	永川区	重庆神盾水泥实业有限公司		停产
169	南川区	重庆市南川区东胜煤矿有限公司		关停
170	南川区	重庆市南川区南平煤矿有限公司	重庆市南川区大兴煤炭有限责任公司	关停

续表

序号	区县	企业名称	曾用名	备注
171	荣昌区	重庆永荣矿业有限公司		主行业煤炭关闭
172	梁平区	重庆市邵新煤化有限公司		关停
173	城口县	重庆市金泰电冶科技开发有限公司		停产
174	城口县	城口县金大铁合金有限公司		停产
175	城口县	重庆市城口县来凤铁合金有限公司		停产
176	丰都县	重庆紫光新科化工开发有限公司		关停
177	丰都县	重庆紫光旭东化工有限责任公司		关停
178	丰都县	重庆化医紫光新材料有限责任公司	重庆紫光天化蛋氨酸有限责任公司	关停
179	丰都县	重庆歌德陶瓷玛赛克制造有限公司		停产
180	垫江县	重庆博源玻璃制品有限公司		停产
181	云阳县	重庆市云阳水泥股份有限公司		停产
182	云阳县	云阳县红旗水泥有限公司		停产
183	奉节县	奉节县天宝水泥有限公司		关停
184	巫山县	安徽省永年集团重庆矿业开发有限公司		关停
185	秀山县	秀山县天雄锰业有限公司		停产
186	秀山县	秀山兴源实业（集团）有限公司		停产
187	彭水县	重庆市两江能源开发有限公司		关停

附录 D

各子部门投入和技术参数

部门	第一层子部门	第二层子部门	第三层子部门	技术	投入（可能使用其他能源种类，以下同理）	技术参数	单位
农林牧渔业	农产品生产活动	机械（耕种、收割等农业活动）	旱地		柴油	11	千克标准煤/亩
					电力	1.7	/亩
			水田		柴油	9.2	/亩
					电力	1.4	/亩
		灌溉	旱地		柴油	3.5	/亩
					电	0.7	/亩
			水田		柴油	6.5	/亩
					电	1.3	/亩
	水产养殖	水产养殖		水泵	柴油		/亩

续表

部门	第一层子部门	第二层子部门	第三层子部门	技术	投入	技术参数	单位
	畜产品养殖	其他活动（例如增氧）			电		/亩
					电		/亩
		大牲畜养殖（牛马驴等）		大牲畜养殖舍	电		/平方米
		猪养殖		猪舍	电		/平方米
		羊养殖		羊舍	电		/平方米
		牛养殖		牛舍	电		/平方米
		鸡养殖		鸡舍	电		/平方米
	林产品种植	灌溉			柴油		/亩
					电		/亩
		其他（培育等）			电		/亩
	农产品加工	粮食加工			柴油		/吨
					电		/吨

续表

部门	第一层子部门	第二层子部门	第三层子部门	技术	投入	技术参数	单位
		油料加工			柴油		/吨
					电		/吨
		棉花加工			柴油		/吨
					电		/吨
		水果加工			柴油		/吨
					电		/吨
		其他			柴油		/吨
					电		/吨
	水产品加工	水产品加工			柴油		/吨
					电		/吨
	畜产品加工	肉类加工			柴油		/吨
					电		/吨
		奶类加工			柴油		/吨
					电		/吨
		禽蛋加工			柴油		/吨
					电		/吨

续表

部门	第一层子部门	第二层子部门	第三层子部门	技术	投入	技术参数	单位
	林产品加工	木材生产			柴油		/立方米
					电		/立方米
城市居民	采暖			目前建筑	热力	17	千克标准煤/平方米
				节能建筑	热力	11	千克标准煤/平方米
				热泵	电力	22	千瓦时/平方米
	照明			现有照明	电	7	千瓦时/平方米
				LED照明	电	3	千瓦时/平方米
	空调			现有制冷技术	电	12	千瓦时/平方米
				先进制冷技术	电	8	千瓦时/平方米
				高效率空调	电	6	千瓦时/平方米
	炊事			炊事：天然气	天然气	150	立方米/户
				炊事：天然气、节能	天然气	122	立方米/户
				电炊具	电力	296	千瓦时/户
	洗衣机			洗衣机	电力	44	千瓦时/户
				节能洗衣机	电力	32	千瓦时/户
				滚筒	电力	78	千瓦时/户

续表

部门	第一层子部门	第二层子部门	第三层子部门	技术	投入	技术参数	单位
农村居民	电视			电视	电力	104	千瓦时/户
				LED电视		37	千瓦时/户
				先进LED电视		26	千瓦时/户
	电冰箱			电冰箱	电力	350	千瓦时/户
				节能电冰箱		197	千瓦时/户
				先进节能电冰箱		145	千瓦时/户
	热水器			电热水器	电力	790	千瓦时/户
				节能电热水器		710	千瓦时/户
				天然气热水器	天然气	160	立方米/户
				节能天然气热水器		142	立方米/户
				太阳能热水器		0	立方米/户
	电扇			电扇	电力	23	千瓦时/户
				节能电扇	电力	18	千瓦时/户
	其他			其他电器	电力	550	千瓦时/户
				其他电器：节能	节能	420	千瓦时/户
	采暖			目前建筑	热力	16	千克标准煤/平方米

续表

部门	第一层子部门	第二层子部门	第三层子部门	技术	投入	技术参数	单位
				节能建筑	热力	11	千克标准煤/平方米
				热泵	电力	22	千瓦时/平方米
				小锅炉	煤	20	千克标准煤/平方米
				电采暖	电力	33	千瓦时/平方米
	照明			现有照明	电力	5	千瓦时/平方米
				LED照明	电力	2	千瓦时/平方米
	空调			现有制冷技术	电力	8	千瓦时/平方米
				先进制冷技术	电力	6	千瓦时/平方米
				高效率空调	电力	4	千瓦时/平方米
	炊事			炊事：天然气	天然气	133	立方米/户
				炊事：LPG	LPG	122	千克/户
				煤炉子	煤	440	千克标准煤/户
				电炊具	电力	210	千瓦时/户
	洗衣机			洗衣机	电力	31	千瓦时/户
				节能洗衣机	电力	25	千瓦时/户
				滚筒	电力	55	千瓦时/户

续表

部门	第一层子部门	第二层子部门	第三层子部门	技术	投入	技术参数	单位
服务业	电视			电视	电力	104	千瓦时/户
				LED电视		37	千瓦时/户
				先进LED电视		26	千瓦时/户
	电冰箱			电冰箱	电力	310	千瓦时/户
				节能冰箱		168	千瓦时/户
				先进节能冰箱		132	千瓦时/户
	热水器			电热水器	电力	550	千瓦时/户
				节能电热水器		510	千瓦时/户
				LPG热水器	LPG	122	千克/户
				太阳能热水器		0	立方米/户
	电扇			电扇	电力	25	千瓦时/户
				节能电扇	电力	20	千瓦时/户
	其他			其他电器	电力	340	千瓦时/户
				其他电器：节能	电力	260	千瓦时/户
	政府机构	采暖		目前建筑	热力	21	千克标准煤/平方米
				节能建筑	热力	15	千克标准煤/平方米

185

续表

部门	第一层子部门	第二层子部门	第三层子部门	技术	投入	技术参数	单位
		照明		现有照明	电力	15	千瓦时/平方米
				LED照明	电力	6	千瓦时/平方米
		空调		现有制冷技术	电力	120	千瓦时/平方米
				先进制冷技术	天然气	78	千瓦时/平方米
		炊事		炊事：天然气	天然气	12	立方米/平方米
				炊事：LPG	LPG	10	千克/平方米
				炊事：煤	煤	26	千克/平方米
		复印机		复印机	电力	0.8	千瓦时/平方米
				节能复印机	电力	0.6	千瓦时/平方米
		计算机		计算机	电力	8.2	千瓦时/平方米
				节能计算机	电力	6.1	千瓦时/平方米
		热水器		电能电热水器	电力	7.6	千瓦时/平方米
				节能电热水器	电力	6.4	千瓦时/平方米
				LPG热水器	LPG		千瓦时/平方米
				太阳能热水器		0	千瓦时/平方米
		电梯		电梯	电力	0.9	千瓦时/平方米

续表

部门	第一层子部门	第二层子部门	第三层子部门	技术	投入	技术参数	单位
		其他电器		节能电梯	电力	0.7	千瓦时/平方米
				其他电器	电力	0.5	千瓦时/平方米
				其他节能电器	电力	0.4	千瓦时/平方米
	医院	采暖		目前建筑	热力	44	千克标准煤/平方米
				节能建筑	热力	31	千克标准煤/平方米
		照明		现有照明	电	25	千瓦时/平方米
				LED照明	电	12	千瓦时/平方米
		空调		现有制冷技术	电	190	千瓦时/平方米
				先进制冷技术	电	162	千瓦时/平方米
		炊事		炊事：天然气	天然气	22	立方米/平方米
				炊事：LPG		20	千克/平方米
		复印机		复印机	电力	0.1	千瓦时/平方米
				节能复印机	电力	0.08	千瓦时/平方米
		计算机		计算机	电力	3.2	千瓦时/平方米
				节能计算机	电力	2.7	千瓦时/平方米
		热水器		电热水器	电力	12.2	千瓦时/平方米

187

续表

部门	第一层子部门	第二层子部门	第三层子部门	技术	投入	技术参数	单位
	商业超市			节能电热水器	电力	9.7	千瓦时/平方米
				LPG热水器	LPG		千瓦时/平方米
				太阳能热水器			千瓦时/平方米
		电梯		电梯	电力	1	千瓦时/平方米
		其他电器		节能电梯	电力	0.8	千瓦时/平方米
				其他节能电器	电力	4.6	千瓦时/平方米
				其他节能电器	电力	4.1	千瓦时/平方米
		采暖		目前建筑	热力	38	千克标准煤/平方米
				节能建筑	热力	31	千克标准煤/平方米
		照明		现有照明	电	24	千瓦时/平方米
				LED照明	电	12	千瓦时/平方米
		空调		现有制冷技术	电	210	千瓦时/平方米
				先进制冷技术	电	170	千瓦时/平方米
		炊事		炊事:天然气	天然气	9	立方米/平方米
				炊事:LPG	LPG	8	千克/平方米
		复印机		复印机	电力	0.1	千瓦时/平方米

续表

部门	第一层子部门	第二层子部门	第三层子部门	技术	投入	技术参数	单位
				节能复印机	电力	0.08	千瓦时/平方米
		计算机		计算机	电力	3.2	千瓦时/平方米
				节能计算机	电力	2.7	千瓦时/平方米
		热水器		电热水器	电力	4.3	千瓦时/平方米
				节能电热水器	电力	3.9	千瓦时/平方米
				LPG 热水器	LPG		千瓦时/平方米
				太阳能热水器			千瓦时/平方米
		电梯		电梯	电力	3.6	千瓦时/平方米
				节能电梯	电力	3.1	千瓦时/平方米
		其他电器		其他电器	电力	1.7	千瓦时/平方米
				其他节能电器	电力	1.3	千瓦时/平方米
	学校	采暖		目前建筑	热力	16	千克标准煤/平方米
				节能建筑	热力	11	千克标准煤/平方米
		照明		现有照明	电	18	千瓦时/平方米
				LED 照明	电	8	千瓦时/平方米
		空调		现有制冷技术	电	35	千瓦时/平方米

续表

部门	第一层子部门	第二层子部门	第三层子部门	技术	投入	技术参数	单位
	宾馆			先进制冷技术	电	24	千瓦时/平方米
		炊事		炊事：天然气	天然气	8	立方米/平方米
				炊事：LPG		7	千克/平方米
		复印机		复印机	电力	0.2	千瓦时/平方米
				节能复印机	电力	0.15	千瓦时/平方米
		计算机		计算机	电力	2.4	千瓦时/平方米
				节能计算机	电力	2	千瓦时/平方米
		热水器		电热水器	电力	2.9	千瓦时/平方米
				节能电热水器	电力	2.6	千瓦时/平方米
				LPG 热水器	LPG		千瓦时/平方米
				太阳能热水器		0	千瓦时/平方米
		电梯		节能电梯	电力	0.1	千瓦时/平方米
					电力	0.07	千瓦时/平方米
		其他电器		其他电器	电力	0.5	千瓦时/平方米
				其他节能电器	电力	0.4	千瓦时/平方米
		采暖		目前建筑	热力	42	千克标准煤/平方米

续表

部门	第一层子部门	第二层子部门	第三层子部门	技术	投入	技术参数	单位
				节能建筑	热力	30	千克标准煤/平方米
		照明		现有照明	电	21	千瓦时/平方米
				LED照明	电	10	千瓦时/平方米
		空调		现有制冷技术	电	193	千瓦时/平方米
				先进制冷技术	电	164	千瓦时/平方米
		炊事		炊事：天然气	天然气	21	立方米/平方米
				炊事：LPG		19	千克/平方米
		复印机		复印机	电力	0.1	千瓦时/平方米
				节能复印机	电力	0.08	千瓦时/平方米
		计算机		计算机	电力	1.6	千瓦时/平方米
				节能计算机	电力	1.3	千瓦时/平方米
		热水器		电热水器	电力	31	千瓦时/平方米
				节能电热水器	电力	25	千瓦时/平方米
				天然气热水器	天然气	2.8	千克标准煤/平方米
				太阳能热水器		0	千瓦时/平方米
		电梯		电梯	电力	0.1	千瓦时/平方米

续表

部门	第一层子部门	第二层子部门	第三层子部门	技术	投入	技术参数	单位
		其他电器		节能电梯	电力	0.07	千瓦时/平方米
				其他电器	电力	0.5	千瓦时/平方米
				其他节能电器	电力	0.4	千瓦时/平方米
	餐饮	采暖		目前建筑	热力	38	千克标准煤/平方米
				节能建筑	热力	31	千克标准煤/平方米
		照明		现有照明	电	24	千瓦时/平方米
				LED照明	电	12	千瓦时/平方米
		空调		现有制冷技术	电	210	千瓦时/平方米
				先进制冷技术	电	170	千瓦时/平方米
		炊事		炊事：天然气	天然气	46	立方米·平方米
				炊事：LPG	LPG	45	千克/平方米
		复印机		复印机	电力	0.1	千瓦时/平方米
				节能复印机	电力	0.08	千瓦时/平方米
		计算机		计算机	电力	3.2	千瓦时/平方米
				节能计算机	电力	2.7	千瓦时/平方米
		热水器		电热水器	电力	4.3	千瓦时/平方米

续表

部门	第一层子部门	第二层子部门	第三层子部门	技术	投入	技术参数	单位
				节能电热水器	电力	3.9	千瓦时/平方米
				LPG热水器	LPG		千瓦时/平方米
				太阳能热水器			千瓦时/平方米
		电梯		电梯	电力	0.1	千瓦时/平方米
		其他电器		节能电梯	电力	0.1	千瓦时/平方米
				其他电器	电力	0.9	千瓦时/平方米
				其他节能电器	电力	0.7	千瓦时/平方米
	银行	采暖		目前建筑	热力		千克标准煤/平方米
				节能建筑	热力		千克标准煤/平方米
		照明		现有照明	电		千瓦时/平方米
				LED照明	电		千瓦时/平方米
		空调		现有制冷技术	电		千瓦时/平方米
				先进制冷技术	电		千瓦时/平方米
		炊事		炊事：天然气	天然气		立方米/平方米
				炊事：LPG			千克/平方米
		复印机		复印机	电力		千瓦时/平方米

续表

部门	第一层子部门	第二层子部门	第三层子部门	技术	投入	技术参数	单位
				节能复印机	电力		千瓦时/平方米
		计算机		计算机	电力		千瓦时/平方米
				节能计算机	电力		千瓦时/平方米
		热水器		电热水器	电力		千瓦时/平方米
				节能电热水器	电力		千瓦时/平方米
				LPG 热水器	LPG		千瓦时/平方米
				太阳能热水器			千瓦时/平方米
		电梯		电梯	电力		千瓦时/平方米
				节能电梯	电力		千瓦时/平方米
		其他电器		其他电器	电力		千瓦时/平方米
				其他节能电器	电力		千瓦时/平方米
	仓库	普通仓库	照明	现有照明	电力		千瓦时/平方米
				LED 照明	电力		千瓦时/平方米
			空调	现有制冷技术	电力		千瓦时/平方米
				先进制冷技术	电力		千瓦时/平方米
			通风机	现有通风技术	电力		千瓦时/平方米

续表

部门	第一层子部门	第二层子部门	第三层子部门	技术	投入	技术参数	单位
		冷藏仓库		先进通风技术	电力		千瓦时/平方米
			照明	现有照明	电力		千瓦时/平方米
				LED照明	电力		千瓦时/平方米
			制冷	现有制冷技术	电力		千瓦时/平方米
				先进制冷技术	电力		千瓦时/平方米
			通风机	现有通风技术	电力		千瓦时/平方米
				先进通风技术	电力		千瓦时/平方米
		其他仓库	照明	现有照明	电力		千瓦时/平方米
				LED照明	电力		千瓦时/平方米
			空调	现有制冷技术	电力		千瓦时/平方米
				先进制冷技术	电力		千瓦时/平方米
			通风机	现有通风技术	电力		千瓦时/平方米
				先进通风技术	电力		千瓦时/平方米
其他大型公建		采暖		目前建筑	热力	16	千克标准煤/平方米
				节能建筑	热力	11	千克标准煤/平方米
		照明		现有照明	电	18	千瓦时/平方米

续表

部门	第一层子部门	第二层子部门	第三层子部门	技术	投入	技术参数	单位
工业				LED照明	电	8	千瓦时/平方米
		空调		现有制冷技术	电	35	千瓦时/平方米
				先进制冷技术	电	24	千瓦时/平方米
		炊事		炊事：天然气	天然气	8	立方米/平方米
				炊事：LPG		7	千克/平方米
		电机		现有电机	电	460	千瓦时
				先进电机	电	410	千瓦时
		照明		现有照明	电	—	千瓦时
				先进照明	电	—	千瓦时
	汽车制造业	工艺用热					
	石化	石油炼制		石油炼制	油	55	千瓦时/吨
					电	90	千瓦时/吨
		乙烯		乙烯设施	油	235	千瓦时/吨
					电	180	千瓦时/吨
		合成氨		小型煤基氨	Electricity	710	百万大卡/吨
					Thermal Coal	9400	百万大卡/吨

续表

部门	第一层子部门	第二层子部门	第三层子部门	技术	投入	技术参数	单位
				大型煤基氨 large coal based Ammonia	Electricity	670	百万大卡/吨
					Thermal Coal	7900	百万大卡/吨
		电石		electrical Ammonia 电力氨	Electricity	0	百万大卡/吨
				一般加热炉	Electricity	2920	百万大卡/吨
					Heat	3800	百万大卡/吨
				高效加热炉	Electricity	2200	百万大卡/吨
					Heat	2900	百万大卡/吨
		煤化工		煤液化	Washed Coal Anthracite	21.591812	百万千卡/吨
					Electricity	11177.988	百万千卡/吨
					Heat	0	百万千卡/吨
				煤气化	Washed Coal Anthracite	17	百万大卡/吨
					Electricity	0	百万大卡/吨

续表

部门	第一层子部门	第二层子部门	第三层子部门	技术	投入	技术参数	单位
				煤制烯烃	Heat	0	百万大卡/吨
					Washed Coal Anthracite	4.5	百万千卡/吨
					Electricity	0	百万千卡/吨
				其他	Heat	0	百万千卡/吨
					Washed Coal Anthracite	3.3	吨标准煤当量/吨
					Electricity	0	吨标准煤当量/吨
					Heat	0	吨标准煤当量/吨
		化肥生产			Heat	214	千克标准煤/吨
		农药生产			Heat	256	千克标准煤/吨
		其他化工		一般加热炉	Electricity	1800	百万大卡/吨
					Heat	540	百万大卡/吨
				高效加热炉	Electricity	740	百万大卡/吨
					Heat	220	百万大卡/吨
	制药业	药品制备：电机		现有电机	电	170	千瓦时/吨

续表

部门	第一层子部门	第二层子部门	第三层子部门	技术	投入	技术参数	单位
				先进电机	电	130	千瓦时/吨
		药品制备：工艺用热		现有锅炉	天然气	0.0000000	立方米/吨
				节能锅炉		0.0000000	立方米/吨
		药品制备：照明		现有照明	电	11	千瓦时/吨
				节能照明		9	千瓦时/吨
	食品加工业	啤酒		现有技术	电	110	千瓦时/吨
					天然气	20	立方米/吨
				节能技术	电	99	千瓦时/吨
					天然气	16	立方米/吨
		其他食品		现有技术	电	120	千瓦时/吨
					天然气	28	立方米/吨
				节能技术	电	106	千瓦时/吨
					天然气	22	立方米/吨
	污水处理	污水处理		现有技术	—	—	—
				低能耗技术	—	—	—
	钢铁	炼钢		电炉钢	Thermal Coal	290	百万大卡/吨

续表

部门	第一层子部门	第二层子部门	第三层子部门	技术	投入	技术参数	单位
					Electricity	1080	百万大卡/吨
					Metallurgical Coke	0	百万大卡/吨
				一般高炉钢	Electricity	180	百万大卡/吨
					Thermal Coal	330	百万大卡/吨
					Metallurgical Coke	2300	百万大卡/吨
				先进高炉钢	Electricity	200	百万大卡/吨
					Thermal Coal	260	百万大卡/吨
					Metallurgical Coke	2000	百万大卡/吨
				高效先进高炉钢	Electricity	200	百万大卡/吨
					Thermal Coal	200	百万大卡/吨
		轧钢			Metallurgical Coke	1700	百万大卡/吨
				一般轧钢	Electricity	260	百万大卡/吨
					Thermal Coal	420	百万大卡/吨
					Metallurgical Coke	0	百万大卡/吨
				高效轧钢	Electricity	180	百万大卡/吨
					Thermal Coal	280	百万大卡/吨

续表

部门	第一层子部门	第二层子部门	第三层子部门	技术	投入	技术参数	单位
	建材	水泥	窑外分解炉+余热发电	Metallurgical Coke	0	百万大卡/吨
				Electricity	36	百万大卡/吨
			窑外分解炉	Thermal Coal	528	百万大卡/吨
				Electricity	168	百万大卡/吨
			其他	Thermal Coal	628	百万大卡/吨
				Electricity	77	百万大卡/吨
		砖瓦	一般加热炉	Thermal Coal	46	百万大卡/吨
				Electricity	2950	百万大卡/吨
			隧道炉	Thermal Coal	7490	百万大卡/吨
				Electricity	3900	百万大卡/吨
			高效隧道炉	Thermal Coal	5100	百万大卡/吨
				Electricity	1000	百万大卡/吨
		玻璃	float class furnace	Thermal Coal	5900	百万大卡/吨
				Electricity	8	百万大卡/吨
				Thermal Coal	123	百万大卡/吨

续表

部门	第一层子部门	第二层子部门	第三层子部门	技术	投入	技术参数	单位
				其他	Electricity	2	百万大卡/吨
		石灰			Thermal Coal	93	百万大卡/吨
				一般加热炉	Electricity	19.6	百万大卡/吨
					Thermal Coal	1070	百万大卡/吨
				高效加热炉	Electricity	19.6	百万大卡/吨
	有色金属				Thermal Coal	830	百万大卡/吨
		铜		一般加热炉	Electricity	14100	百万大卡/吨
					Heat	7840	百万大卡/吨
				高效加热炉	Electricity	12000	百万大卡/吨
					Heat	6100	百万大卡/吨
		铝		一般加热炉	Electricity	5500	百万大卡/吨
					Thermal Coal	810	百万大卡/吨
				高效加热炉	Electricity	6300	百万大卡/吨
		其他有色			Thermal Coal	830	百万大卡/吨
				一般加热炉	Electricity	470	百万大卡/吨
					Thermal Coal	2300	百万大卡/吨

续表

部门	第一层子部门	第二层子部门	第三层子部门	技术	投入	技术参数	单位
	其他工业			高效加热炉	Electricity	380	百万大卡/吨
					Thermal Coal	1700	百万大卡/吨
		造纸		分批蒸煮	Electricity	3900	千卡/吨
					Thermal Coal	1300	千卡/吨
				持续分批蒸煮	Electricity	2500	千卡/吨
					Thermal Coal	1300	千卡/吨
		机械制造		小型锅炉	Thermal Coal	134	百万大卡/吨
					Heat	0	百万大卡/吨
				大型锅炉	Thermal Coal	126	百万大卡/吨
					Heat	0	百万大卡/吨
				先进锅炉	Thermal Coal	113	百万大卡/吨
					Heat	0	百万大卡/吨
				铸造	Thermal Coal	270	百万大卡/吨
					Heat	0	百万大卡/吨
				电气	Electricity	380	百万大卡/吨

续表

部门	第一层子部门	第二层子部门	第三层子部门	技术	投入	技术参数	单位
		其他		其他传统技术	Washed Coal Anthracite	1030	百万大卡/吨
					Electricity	8600	百万大卡/吨
					Heat	1050	百万大卡/吨
				其他先进技术	Washed Coal Anthracite	520	百万大卡/吨
					Electricity	7500	百万大卡/吨
					Heat	720	百万大卡/吨
交通	货运	铁路		内燃机车	Diesel		
				节能内燃机车	Diesel		
				电力机车	Electricity		
				节能电力机车	Electricity		
				重载内燃机车	Diesel		
				重载电力机车	Electricity		
				蒸汽机车	Coal Anthracite		
		航空		目前机型	Kerosene		

续表

部门	第一层子部门	第二层子部门	第三层子部门	技术	投入	技术参数	单位
				节能机型	Kerosene		
		水路		高效节能机型	Kerosene		
				远洋货运船舶	Diesel		
				节能型远洋货运船舶	Diesel		
				近海货运船舶	Diesel		
				节能型近海货运船舶	Diesel		
				内河货运船舶	Diesel		
				节能型内河货运船舶	Diesel		
		管道		管道运输	Electricity		
				节能型管道运输	Electricity		
		公路（Stock Turnover Method）	重型卡车	汽油汽车	Gasoline		
				低能耗汽油汽车	Gasoline		
				柴油汽车	Diesel		
				低能耗柴油汽车	Diesel		
				混合动力汽车	Diesel		

续表

部门	第一层子部门	第二层子部门	第三层子部门	技术	投入	技术参数	单位
客运		城内（Stock Turnover Method）	中小型卡车	先进混合动力汽车	Diesel		
				汽油汽车	Gasoline		
				低能耗汽油汽车	Gasoline		
				柴油汽车	Diesel		
				低能耗柴油汽车	Diesel		
				混合动力汽车	Diesel		
			私家车	先进混合动力汽车	Diesel		
				汽油小汽车	Gasoline		
				节能汽油小汽车	Gasoline		
				紧凑型汽油小汽车	Gasoline		
				汽油 SUV	Gasoline		
				节能汽油 SUV	Gasoline		
				柴油小汽车	Diesel		
				节能柴油小汽车	Diesel		
				紧凑型柴油小汽车	Diesel		

续表

部门	第一层子部门	第二层子部门	第三层子部门	技术	投入	技术参数	单位
				柴油 SUV	Diesel		
				节能柴油 SUV	Diesel		
				超高效柴油小汽车	Diesel		
				LPG 小汽车	LPG		
				混合动力小汽车	Gasoline		
				新型混合动力小汽车	Gasoline		
				柴油混合动力小汽车	Diesel		
				电动小汽车	Electricity		
				低能耗电动小汽车	Electricity		
				燃料电池小汽车	Hydrogen		
				插电式混合动力小汽车	Gasoline/Electricity		
			公务车	电动汽车	Electricity		
				汽油小汽车	Gasoline		
				节能汽油小汽车	Gasoline		
				紧凑型汽油小汽车	Gasoline		

续表

部门	第一层子部门	第二层子部门	第三层子部门	技术	投入	技术参数	单位
				汽油 SUV	Gasoline		
				节能汽油 SUV	Gasoline		
				柴油小汽车	Diesel		
				节能柴油小汽车	Diesel		
				紧凑型柴油小汽车	Diesel		
				柴油 SUV	Diesel		
				节能柴油 SUV	Diesel		
				超高效柴油小汽车	Diesel		
				LPG 小汽车	LPG		
				混合动力小汽车	Gasoline		
				新型混合动力小汽车	Gasoline		
				柴油混合动力小汽车	Diesel		
				插电式混合动力小汽车	Gasoline/Electricity		
				电动小汽车	Electricity		
				低能耗电动小汽车	Electricity		

续表

部门	第一层子部门	第二层子部门	第三层子部门	技术	投入	技术参数	单位
				燃料电池小汽车	Hydrogen		
			出租车	汽油小汽车	Gasoline		
				节能汽油小汽车	Gasoline		
				紧凑型汽油小汽车	Gasoline		
				汽油 SUV	Gasoline		
				节能汽油 SUV	Gasoline		
				柴油小汽车	Diesel		
				节能柴油小汽车	Diesel		
				紧凑型柴油小汽车	Diesel		
				柴油 SUV	Diesel		
				节能柴油 SUV	Diesel		
				超高效柴油小汽车	Diesel		
				LPG 小汽车	LPG		
				混合动力小汽车	Gasoline		
				新型混合动力小汽车	Gasoline		
				柴油混合动力小汽车	Diesel		

续表

部门	第一层子部门	第二层子部门	第三层子部门	技术	投入	技术参数	单位
				插电式混合动力小汽车	Gasoline/Electricity		
				电动小汽车	Electricity		
				低能耗电动小汽车	Electricity		
				燃料电池小汽车	Hydrogen		
			公交车	普通汽油公交车	Gasoline		
				先进汽油公交车	Gasoline		
				普通柴油公交车	Diesel		
				先进柴油公交车	Diesel		
				CNG公交车	Natural Gas		
				LPG公交车	LPG		
				有轨电车	Electricity		
				汽油混合动力公交车	Gasoline		
				柴油混合动力公交车	Diesel		
				电动公交车	Electricity		
				先进电动公交车	Electricity		

续表

部门	第一层子部门	第二层子部门	第三层子部门	技术	投入	技术参数	单位
				中型客车	Gasoline		
				节能型中型客车	Gasoline		
			摩托车	普通摩托车	Gasoline		
				高效摩托车	Gasoline		
				超高效摩托车	Gasoline		
			电动自行车	普通电动自行车	Electricity		
				节能电动自行车	Electricity		
			轨道交通	地铁	Electricity		
				节能地铁	Electricity		
				轻轨	Electricity		
				节能轻轨	Electricity		
		城际	公路（Stock Turnover Method）	汽油大型客车	Gasoline		
				先进汽油大型客车	Gasoline		
				柴油大型客车	Diesel		
				先进柴油大型客车	Diesel		

续表

部门	第一层子部门	第二层子部门	第三层子部门	技术	投入	技术参数	单位
			铁路	LPG 大型客车	LPG		
				天然气大型客车	Natural Gas		
				内燃机车	Diesel		
				节能内燃机车	Diesel		
				电力机车	Electricity		
				节能电力机车	Electricity		
				动车组	Electricity		
				高速动车	Electricity		
			航空	节能高速动车	Electricity		
				目前机型	Kerosene		
				节能机型	Kerosene		
			水路	高效节能机型	Kerosene		
				客运船舶	Diesel		
				节能客运船舶	Diesel		

附录 E　各行业企业行动措施

附表 E-1　　　　　　　　　　　主要行业行动措施

序号	行业	行动措施
1	石化	2021 年 1 月 15 日，17 家石油和化工企业、化工园区以及中国石油和化学工业联合会在京联合签署并共同发布《中国石油和化学工业碳达峰与碳中和宣言》，是全国首例以全行业名义宣示碳达峰和碳中和的决心和行动计划。主要有三方面措施：一是能源的低碳绿色化，为社会提供更多的低碳能源、可再生能源；二是提高能效，减少行业碳排放，提供低碳和可循环利用的石化产品，引领上下游行业全生命周期共同减排；三是开发二氧化碳为原料生产化工产品的技术路线，或利用二氧化碳捕集驱油，或予以封存，减少碳排放
2	钢铁	在工业和信息化部原材料工业司研究编制的《关于推动钢铁工业高质量发展的指导意见》中提到：钢铁行业力争 2025 年率先实现碳排放达峰；行业超低排放改造完成率达到 80% 以上，重点区域内企业全部完成超低排放改造；在行业内遴选 10 家以上绿色工厂；关键工序数控化率达到 80% 左右，生产设备数字化率达到 55%，打造 50 个以上智能工厂。2021 年 2 月 10 日，中国钢铁协会发布《钢铁担当，开启低碳新征程——推进钢铁行业低碳行动倡议书》，并表示要突破低碳工艺技术瓶颈，推动非化石能源尤其是氢能在钢铁行业的应用。推动绿色消费，以大城市新建公共建筑为重点，加快钢结构建筑推广应用
3	水泥	2021 年 1 月 16 日，中国建筑材料联合会向全行业发出《推进建筑材料行业碳达峰、碳中和行动倡议书》（以下简称倡议书），倡议中国建筑材料行业要在 2025 年前全面实现碳达峰，水泥等行业要在 2023 年前率先实现碳达峰

续表

序号	行业	行动措施
4	建筑材料	2021年1月16日，中国建筑材料联合会向全行业发出《推进建筑材料行业碳达峰、碳中和行动倡议书》。中国建筑材料联合会将研究制定推进建筑材料行业碳减排三年行动方案，并协助政府部门研究编制碳减排路线图：一是调整优化产业产品结构，推动建筑材料行业绿色低碳转型发展。二是加大清洁能源使用比例，促进能源结构清洁低碳化。三是加强低碳技术研发，推进建筑材料行业低碳技术的推广应用。四是提升能源利用效率，加强全过程节能管理。五是推进有条件的地区和产业率先达峰。积极推进建筑材料行业在经济发展水平高和绿色发展基础好的地区和产业率先实现碳达峰。六是做好建筑材料行业进入碳市场的准备工作
5	非金属矿工业	2021年2月24日，中国非金属矿工业协会发出碳达峰、碳中和行动倡议书。通过担当提前实现"碳达峰"历史使命；营造非金属矿行业绿色发展环境；加强科技创新，协同攻关，拓展碳减排、碳中和技术路径；推动非金属矿行业绿色低碳转型
6	煤炭	正在构建产业发展新格局与碳减排行动路径，将在科学编制"十四五"规划的基础上，制定2030年前碳排放达峰行动方案，进一步明确碳减排实施路径、实施步骤和各节点达到的目标

附表 E－2 　　　　　　　　　　主要企业行动措施

序号	企业	行动措施
1	国家电投	国家电投为全球最大光伏发电企业，计划到2023年实现在国内的"碳达峰"。相关材料显示，截至2019年年底，国家电投电力装机1.51亿千瓦，清洁能源占比50.5%。光伏发电装机1929万千瓦，风电装机1933万千瓦。根据规划，到2025年，国家电投电力装机将达到2.2亿千瓦，清洁能源装机比重提升到60%；到2035年，电力装机达2.7亿千瓦，清洁能源装机比重提升到75%
2	国家电网	2021年3月1日，国家电网公司发布碳达峰碳中和行动方案，这也是首个央企发布的碳达峰碳中和行动方案。承诺"十四五"期间，新增跨区输电通道以输送清洁能源为主，保障清洁能源及时同步并网；"十四五"规划建成7回特高压直流，新增输电能力5600万千瓦；到2025年，其经营区跨省跨区输电能力达到3.0亿千瓦，输送清洁能源占比达到50%。到2030年，公司经营区风电、太阳能发电总装机容量将达到10亿千瓦以上，水电装机达2.8亿千瓦，核电装机达到8000万千瓦

续表

序号	企业	行动措施
3	南方电网	正在加紧研究制定实施服务碳达峰、碳中和工作方案，并将持续把新发展理念深入贯彻到电网发展中，坚持目标导向、问题导向、结果导向，高质量制订实施服务碳达峰、碳中和工作方案，从有效服务产业结构升级、大力支持可再生能源发展、积极引导能源绿色消费等方面发力，助力实现碳达峰、碳中和目标，充分发挥电网资源优化配置大平台作用，推动构建清洁低碳安全高效的现代能源体系
4	华能集团	确保到2025年华能低碳清洁能源装机占比超过50%，未来5年清洁能源装机达到8000万~1亿千瓦，有望在2025年实现碳达峰
5	大唐集团	提出到2025年非化石能源装机超过50%，提前5年实现碳达峰，并实现从传统电力企业向绿色低碳能源企业的转型
6	国家能源集团	未来5年预计可再生能源装机规模达到7000万~8000万千瓦。同时国家能源集团正在培育煤基新材料产业，为我国煤炭清洁转化和高效利用探索新方案和新途径；计划组建创新联合体，在煤炭清洁高效转化，二氧化碳为原料的全新碳基化学工业等领域，攻克一批关键核心技术，提高行业绿色发展标准
7	中国石化	已启动碳达峰碳中和战略路径的课题研究，将以碳的近零排放为终极目标，坚持减碳进程与转型升级相统筹，研究制定碳达峰碳中和战略目标、路线图及保障措施
8	中国海油	中国海油成立"碳达峰、碳中和"工作领导小组，展开碳达峰和碳中和顶层设计，研究制订公司碳减排路线图和碳中和目标方案。同时将围绕国家最新政策要求，进一步完善"十四五"规划和新能源相关专项规划，完善公司绿色发展行动计划
9	晋能控股集团	召开"碳达峰、碳中和"战略研究安排部署会，从战略和全局的高度统筹推进"碳达峰、碳中和"战略研究攻关，并要求六大板块公司要对标一流，调整工作思路，加强技术创新和技术攻关，积极探索能源低碳减量可行先进技术，加快低碳转型，稳步推进全产业链效率提升、节能减排
10	宝武钢铁	提出碳减排目标：2021年发布低碳冶金路线图，2023年力争实现碳达峰，2025年具备减碳30%工艺技术能力，2035年力争减碳30%，2050年力争实现碳中和

序号	企业	行动措施
11	隆基	作为光伏行业首家企业率先发布《绿色供应链减碳倡议》，也是中国首个加入气候组织"RE100""EV100""EP100"的企业，隆基股份承诺到 2028 年前实现 100% 使用可再生能源，2030 年安装足够的电动汽车充电桩，2025 年（比 2015 年）能源使用效率提高 35%
12	通威集团	2021 年 2 月 1 日，通威集团已宣布，全面启动碳中和规划，推动公司绿色低碳发展，并计划于 2023 年前实现碳中和目标。通威将借助其新能源产业优势，通过大力发展"渔光一体"光伏电站所发清洁电力实现碳减排，并最终实现碳中和目标，继续推动我国能源转型升级，助力我国及全球"碳中和"目标早日实现。目前，通威以"渔光一体"为核心的光伏电站已遍及全国 20 多个省市，2020 年电站并网规模已超过 2GW，年清洁电力发电量超过 20 亿度。"十四五"期间，随着通威进一步加快发展，通威仅新增用电量预计将超过 100 亿度
13	腾讯	积极响应中国碳中和目标，并已着手推进碳中和规划，腾讯已经在数据中心和总部大厦中运用人工智能和计算来降低碳排放
14	伊利	率行业之先承诺实现碳中和，积极响应"中国 2060 年前实现碳中和"的国家目标
15	大众汽车	"2028 年实现碳达峰、2050 年实现近零排放、2060 年实现碳中和"的"三步走"发展战略，集团战略聚焦电动出行，致力于通过全产品生命周期的碳减排实现碳中和愿景
16	福特汽车	福特汽车目前是唯一一家致力于遵守《巴黎气候变化协定》以减少二氧化碳排放，并与加利福尼亚州合作推进实施更为严格的温室气体排放标准的美国全车型汽车制造商。目前，为进一步应对全球气候变化的严峻趋势，福特设定了减排的中期目标，即计划到 2050 年，在其全球业务范围内实现碳中和
17	比亚迪	2021 年 2 月 1 日，比亚迪宣布启动企业碳中和规划研究，探索新能源汽车行业碳足迹标准。将持续加大技术创新力度和资源投入，强化上中下游产业链节能减排，构建"绿色供应商、绿色原材料"的绿色采购体系，研究探索新能源汽车及动力电池等核心零部件碳足迹，倡导绿色出行，助力交通运输行业节能减排，力争成为新能源汽车领域碳减排的标杆企业

附录 F

碳中和技术路线

碳中和技术路线图	减少碳排放	能源结构转型					减少化石能源使用		
			提高能源使用效率	煤炭			沸腾床燃烧，煤炭气、液化（目前已较为成熟）		
				石油			陶瓷膜气固分离技术、石油磺酸盐磺化酸渣溶解技术、酸化压裂技术		
				天然气			催化燃烧技术、低氮燃烧技术		
			增加清洁能源使用	直接清洁能源	光伏	生产	太阳能硅晶使用	高纯多晶硅原材料提炼技术	化学法：西门子法（气相沉淀反应法）、硅烷热分解法、流态化床法
									物理法：区域融化提纯（FZ）、直拉单晶法（CZ）、定向凝固多晶硅锭法（铸造法）
							太阳能电池制造	N 型高效电池技术	TOPCon、HIT
					发电	光伏发电系统 + 消费级光伏产品	光伏建筑一体化		
							大型化电站		
				风能	生产	大型风能关键设备研发	风机主轴承、叶片等关键零件部件制造技术研发		
							海上漂浮式风电关键技术		
					发电	风电场群发电功率优化调度运行控制技术			
						远海大型风电系统建设			
						基于大数据和云计算的风电场集群运控并网系统			
					维护与回收	风电状态检测与智能运维、废弃风电设备无害化处理与循环利用			

续表

碳中和技术路线图	减少碳排放	能源结构转型	增加清洁能源使用	直接清洁能源	核能	反应堆技术	钠冷却快中子增殖反应堆（FBR）	
							核聚变反应堆	国际热核实验反应堆（ITER）
								加速器驱动次临界系统（ADS）
						核燃料循环	核燃料闭式循环技术	
							激光浓缩技术	
						退役		
					水电	季节性抽水蓄能电站技术		
						电力产能适配技术		
				间接清洁能源	氢能	制备	可再生能源制氢	太阳能	单原子铂催化加（海上制造）
								风能	并网型风电制氢
									离网型风电制氢
								电解水	核壳合金纳米催化剂
									蒸汽和固体氧化物电解（SOE）技术
								生物质	油包水乳状滴液
									暗发酵技术
							新技术制氢	微波甲烷重整
								氨转氢的电化学系统
						储存	高压储氢	高压碳纤维复合材料储氢罐设备
							低温液态储氢	液氮到超流氮温区大型低温制冷设备
							固态储氢	
							有机液态储氢	
						运输	长距离输送管道	
							固态和低温液态储氢技术	
						应用	燃料电池系统开发	催化剂	铂基金间化合物纳米晶氧化还原催化剂
									无铂氧化还原催化剂
								质子交换器	云母薄膜
								双极板	

碳中和技术路线图	减少碳排放	重点领域减排	制造业领域	汽摩产业	生产过程	促进低碳材料的应用,不断增强材料回收技术的研发以及投入使用
						推动低碳技术的研发
						生产供应链的低碳化
					使用过程	提高汽车电动化比率
						促进零碳燃料电池车研发
						加快推进负碳技术的研发
				水泥工业	提效、减量、创新	提高能源利用效率
						提高生物质、替代燃料比例
						发展低碳水泥
						推进新工艺及技术创新
						控制需求
					采用 CCUS 技术,并实现商业化	
				玻璃工业	采用全氧燃烧技术	提高燃烧效率,节省燃料
						提升玻璃的产量和质量
						减少污染物排放
						降低建造成本,改善操作环境
						延长窑炉寿命
				陶瓷行业	煤改气	
					技术降排	多层干燥窑技术
				化工行业	改造提升传统产业	整合甲醇资源,延伸发展甲醇制烯烃,解决主要化工原料本地化供应
						延伸天然气化工产业链,发展乙烯/乙烯醇共聚物等高端聚烯烃树脂
						鼓励重点化肥企业开发专用复合肥、缓控释肥等适用、新型化肥产品
						鼓励用半水—二水法磷酸工艺替代传统的二水法工艺
						培育农药重点企业,开发高效、安全、环境友好的农药新品种,提升农药行业整体水平
						加快危险化学品企业环保搬迁,鼓励企业在搬迁中实施转型,生产有市场和有效益的产品

续表

碳中和技术路线图	减少碳排放	重点领域减排	制造业领域	化工行业	发展化工新材料产业	高性能树脂	聚碳酸酯、聚酰胺、聚甲基丙烯酸甲酯、聚苯硫醚等工程塑料
							硬泡/软泡、浆料革等聚氨酯材料
							聚四氟乙烯、聚偏氟乙烯等氟材料
							乙烯—乙烯醇共聚物等高端聚烯烃树脂
						高性能纤维	芳纶、碳纤维和高性能玻璃纤维
						专用化学品	电子化学品和功能添加剂、水处理剂、含氮、磷、硫、硅、氟的特殊功能化学品等
						高性能涂料	水性涂料、粉末涂料、高性能防腐涂料、汽车涂料等
						功能性膜材料	水处理膜、锂电池膜、光学膜
					培育发展精细化工产业	重点利用氰化物、碳酰氯（光气）、巯基（甲硫醇等巯基化合物）、吡啶和嘧啶等特殊化学因子，发展具有行业领先地位的精细化工产业	
				钢铁工业	氢气直接还原炼钢		
					布局余热余能发电系统、利用工厂空间建设光伏电站或风电站		
					提升生产配套设施绿色水平		
					数字化、智能化改造全面提升节能和能效水平		
					应用 CCUS 技术		
					购买"森林碳汇"		
				新基建	零碳 DC		
					全面锂电化		
					风进水退		
					创新研发节能减碳技术	大力开展储能技术研发应用 & 持续探索碳捕集与封存技术	
					推动使用碳中和金融工具及加强碳中和管理制度和体系建设		

碳中和技术路线图	减少碳排放	重点领域减排	交通领域	共享出行	区块链平台技术	
				新能源汽车	轻量化技术	
					换电技术	
					运行大数据技术	
				自动驾驶技术	激光雷达等传感器技术	
					高精地图技术	
					AI 路径规划技术	
					ECU 技术	
			建筑领域	设计	"光储直柔"技术	
					智能化节能技术	
				生产	装配节能技术	
			农业领域	再生农业	整合牲畜作用	
					覆盖作物	
					免耕	
					作物多样性	
				可持续养殖	绿色饲料生产技术	调整牛的饮食结构
					发酵床养殖技术	
					林下生态养殖模式	
				食品消费	人造肉	素肉
						植物蛋白肉
						细胞培养肉

素肉、植物蛋白肉（挤压技术、静电纺丝技术、3D 打印技术）、细胞培养肉（细胞增殖技术、生物支架技术、无血清培养技术）

续表

减少碳排放	金融减排支持	碳金融	碳税
			碳定价
			碳排放交易权
		绿色金融产品	绿色证券
			绿色基金
			绿色信贷
			绿色保险
增加碳吸收	技术固碳	碳捕集	点源 CCUS 技术
			生物质能碳捕获与封存技术（BECCS）
			直接空气碳捕获与封存技术（DACCS）
		碳利用	矿化（将二氧化碳融入混凝土）
			化学（合成氢）
			生物（二氧化碳将用于促进植物生长）
		碳封存	利用含水层封存二氧化碳
			强化采油技术（EOR）
	生态固碳		森林
			草原
			湖泊
			绿地
			湿地

（左侧纵向合并单元格：碳中和技术路线图）